刘路　黄锦荣

编著

史家胡同

循迹

Exploring the Past
of Shijia Hutong

台海出版社

目录
CONTENTS

开篇

史家胡同
揽迹

北京东城区的史家胡同全长只有七百米，到今天却已经走过了七百年的历史。光阴飞逝，往事如烟，关于史家胡同的一切，不如就从紫禁城之巅的那一缕金光说起吧……

金銮殿
照亮的胡同

会发金光的二郎神和他的狗

大明崇祯元年（1628 年）三月十七日，清晨的曙光一如既往地投在紫禁城的琉璃瓦上，金碧辉煌，登峰造极。这座执掌天下苍生的皇宫，再度点亮了整个帝国。

直到一片雅致的鼓乐，打破了紫禁城往日的庄严肃穆。

中极殿外，翰林院的官员手捧黄榜，迈开方步，从容出殿。这座宫殿，日后将以中和殿的名字，位列故宫三大殿之次，名震中外。而此刻，它的主人——刚刚即位不到一年，还不到二十岁的大明皇帝朱由检，雄姿英发，眉宇间透着一股热血与自信。

两日前，崇祯皇帝朱由检刚刚亲自主持了即位以来的第一次殿试，而今

清晨的阳光照射在紫禁城中和殿的金顶上，光芒四射

天就是殿试放榜的日子。中极殿往南便是皇极殿（即今天的太和殿）；等在皇极殿外的，就是他亲自遴选、辅佐他中兴大明的天子门生。

崇祯皇帝不由得翘了翘嘴角，面对这座被父亲和兄长玩儿坏了的江山，他忧心忡忡，却又雄心满满。他立志一扫前朝怠政荒政之大弊，做一个勤政亲贤、力挽狂澜的中兴皇帝！

象征隆重的鞭炮声已经响彻在皇极殿外。崇祯皇帝定了定神，昂首走向那座最为高贵的皇极殿；身后，留下太阳从中极殿琉璃瓦反射来的一地金光。

但在老百姓眼里，那高高在上的皇帝老子实在跟自己八竿子打不着半点儿关系。比起中极殿里那位打了鸡血的崇祯皇帝，他们宁可来给胡同里的泥神仙上供。

比如二郎神和他的狗。

就在中极殿正东，灯市口大街紧东头儿丁字街的交汇处，一座扶不上台面儿的小庙可真是热闹非凡。周围胡同里的住家儿哪有闲心去管紫禁城里发不发榜，这会儿全都一门儿心思在这小庙里烧高香呢。

这座庙坐东朝西，正对着紫禁城里的中极殿。那年头儿没高楼大厦，估计站在庙门口垫垫脚，就能看见中极殿的金顶子。

要说这小庙还真是小，总共就一座殿，十几平米，跟中极殿自然没得比，跟别的庙比起来也是够寒酸够磕碜的了。庙里面供着二郎神像和哮天犬，全是泥巴塑的；庙门前卧着俩石头雕的动物，据说也是哮天犬（不过是石狮子的可能性似乎更大）。石头供桌庙里放不下，干脆就摆到庙门外边去了，周

1936 年美国将军 Frank Dorn 所绘《老北京风俗地图》（局部），"狗神庙"作为重要景观，赫然与紫禁城三大殿、东四牌楼、协和医院等标记在地图上

围的小孩儿经常爬上去玩儿。估计这二郎神如果不是走亲民路线，看到这帮熊孩子一定得给气炸了。

可就是这么个不起眼儿的小庙，也有着不亚于中极殿的气派——金光！一到日出时分，便有金光直射入这小小的庙堂，把个泥二郎照得神采奕奕，仙气十足，仿佛有金光护体。那雄姿英发的崇祯小皇帝要是见了，估计气势也得削半头。

这个奇观被人们称为"回光返照"，还列进了"燕京小八景"，名头儿仅次于"燕京八景"。

那么问题来了：二郎神庙背对着太阳，大早上哪来的光呢？难道真是二郎神下凡显圣？

到了清朝，纪晓岚在《滦阳续录》里对二郎神庙的金光做了解释："灯市口二郎神庙，其庙面西，而晓日初出，辄有金光射室中似返照，或曰是庙基址与中和殿东西相值。殿上火珠映日，回光耳。"

哦，合着是反射，怪不得叫"回光返照"。沿着这条思路，后来又有人给出了更详细的解释。说二郎神庙的庙基与中极殿（中和殿）正好在一条直线上东西相对。殿四角攒尖顶的正中有一个高三米的金黄色宝顶。太阳这么一照，镏金的宝顶光彩夺目，于是太阳光再反射到仅有二里之遥的二郎神庙内，便形成了"回光返照"的奇妙景象。

可是有人不服，说这大殿的顶子怎么那么寸就把光反射到二郎神庙里了，别的房子怎么没事儿？而且一道金光真能反射出二里地去？

子不语怪力乱神，说不明白，不说了。

不过，这二郎神庙不仅二郎神"神"，他的狗也神，以至于后来他的狗"反仆为主"，成了庙的正主儿，整座庙都改叫了"狗神庙"。

这又是什么梗儿啊？

相传在清朝乾隆年间（一说光绪年间，传说故事的时间都是这样不靠谱且没地方考证），有一条孤苦伶仃的流浪狗在北京城里瞎转悠。那年头可能没那么多爱犬人士，于是流浪狗又饿又累，稀里糊涂地就混进了二郎神庙，卧在香案上，一觉睡到大天亮。也该着这狗命好，第二天早上，它神奇地发现，自己身边围满了顶礼膜拜的男女老幼。原来，人们以为它是哮天犬显圣，立马满城风雨全城轰动。附近的老百姓纷纷来焚香礼拜，昼夜不觉，最后闹得镶白旗总兵前来将聚众百姓驱散，才算了事。

当然，我相信那条被奉为神的狗后来也跟现在许多流浪狗一样，没羞没臊地过上了不愁吃不愁住的生活。

从此，二郎神庙变成了"狗神庙"，直到1936年美国将军Frank Dorn画的《老北京风俗地图》，还直接把这座庙标记为"狗神庙"。

紫禁城里的皇帝不如小庙里的泥神仙，小庙里的泥神仙又不如门口趴着的石头狗。跟对面中极殿／中和殿的高大上相比，这座小庙的成名是不折不扣的草根儿逆袭。

话又说回来，二郎神庙其实很有历史。早在唐太宗李世民的贞观三年（公元629年）就有这座庙了，距今已有1300多年的历史，比元明清三代的北京城还要早。此庙原在灯市口大街东段路北，后因扩建马路，另在路东改建，紧邻大街，故又有"东城当街庙"之称。

据家住附近的老人回忆，小庙上世纪"文革"时期尚在，不过已经成了民居。后来唐山大地震，什么二郎神狗神统统不显灵了，呼啦啦小庙的旧房

二郎神庙如今已无寻觅处，只留下当年那只石头哮天犬。
它就蹲在灯市口丁字街往南，一家孕妇服装店的门口，
见证了这座民间小庙的传奇与没落

塌成了一片瓦砾。再后来，门前一只过于残破的哮天犬像和石头供桌，搭着塌下来的房灰渣土一起不知被运往何方。留下另一只连脸都看不清的哮天犬，孤零零被挪到了 138 号院的北侧，继续当街站着，只是它身后再也没有了金碧辉煌的"东城当街庙"。

从石头哮天犬再往南，就是史家胡同的西口。也有人说，二郎神和狗神的庙以前就建在那里，庙址就在史家小学（低年级部）院内。

而这座院内，据说还有另一个无寻觅处的地方——史可法祠堂。

史可法，名垂青史的大明督师、抗清领袖，其风骨气节可使岳鹏举、文天祥为之戛玉敲金。

而在崇祯元年，史可法还只是个名不见经传的进士。在史家胡同西面二里外的紫禁城皇极殿外，他跪在丹陛之侧，头也不敢抬，不敢去望一眼那端坐殿中的崇祯皇帝朱由检。

没人会想到，一个"回光返照"，将二郎神和他的狗，与紫禁城里的皇帝连在了一起。

也没人会想到，一个史可法，将史家胡同与大明江山的国运连在了一起。

再后来，史家胡同与整个中华的国运连在了一起，这一连就是四百年。

史可法的弘光梦

就在史可法中进士之后一个月，袁崇焕被任命为蓟辽督师，奔赴辽东前线，与女真人和后金血战到底。

十七年后，史可法以同样的官职，与同样的敌人血战到底。

史可法初入仕途时，主要工作是平定叛乱，可惜"平"绩平平；后来整饬漕运，倒是风生水起，因此当上了南京兵部尚书，准备放手大干一场。

崇祯十七年（1644 年），李自成兵锋直指北京。

十万火急！史可法闻讯，立即率军进京勤王。可军队刚到浦口，就传来北京失陷、崇祯帝朱由检自缢的消息。悲痛欲绝的史可法当即为先帝发丧。然而国不可一日无君，为保住大明的半壁江山，他与张慎言等人决定拥立潞王朱常淓为新君。

这本来是个很好的开始，南京守备皆在，朱常淓最次也能做个宋高宗，说不定还能北复中原。

史可法的梦想很饱满，但是现实却异常骨感。

因为凤阳总督马士英已经联合黄得功、刘良佐、刘泽清、高杰诸将，迎福王朱由崧入京。这个朱由崧是个出了名的混蛋王爷，史可法与马士英据理力争不能让他上台。然而笔杆子斗不过枪杆子，面对着悍将的拥立，史可法除了接受福王继统，别无他法。

福王即位，改次年为弘光元年，南明作为一个残余政府正式开始挂牌运转，而史可法的噩梦也开始了。

当时史可法受封太子太保，任兵部尚书、武英殿大学士，率军出镇扬州，伺机收复失地。从这一天起，史可法有了"史督师"的称号。

然而，与扬州一江之隔的南京，乌烟瘴气，歌舞升平。

弘光皇帝朱由崧整日里醉生梦死，骄奢淫逸，朝政都交给了马士英；而首辅马士英在朝中翻云覆雨，继续搞他拉帮结派的勾当。跟一群声色犬马、

史可法，名垂青史的大明督师、抗清领袖，
其风骨气节可使岳鹏举、文天祥为之戛玉敲金

争权夺利的官混子谈理想、谈人生、谈北伐？简直对牛弹琴！

史可法递到朝中请求拨发粮饷、以备北伐之需的奏章，石沉大海。

史可法无力叫醒一群装睡的人。世间皆醉，唯我独醒，史可法异常烦闷。

崇祯十七年（1644年）十一月，清军正式分兵三路南下，史可法指挥江北四镇拼命死扛。到了弘光元年（1645年）正月，高杰正要率军北上，未曾想被军中叛徒杀害，其部悉数投降清朝。江北形势瞬间大乱，弘光朝唯一一次北伐就此夭折。

坐镇扬州的史可法长叹无法克复中原，而执政南京的马士英继续党同伐异。

江北生变，江南生乱，西边的左良玉决定也来凑凑热闹。

这年三月，镇守武昌的左良玉以"清君侧"讨伐马士英等人为名，举兵东下，直指南京。

已经穷途末路的大顺皇帝李自成此刻却见到了光明，乘虚占领武昌。弘光继统不到一年，西部屏障失于内乱。

然而这只是南明弘光政权溃败的开始。

清军南征，左良玉东下，马士英吓破了胆。本着"攘外必先安内"的原则，他竟然急命史可法尽撤江北防务，回师护驾，对付左良玉。

史可法督师扬州，抗顺也，抗清也，抗来抗去，跟大顺大清没打几仗，现在竟然要去抗自己人。史可法力陈清兵日益逼近，应留诸镇控淮河保卫南京，却遭到朝廷严厉指责。

其时左良玉已经病死，其子左梦庚率部于四月七日攻陷彭泽。南京方面仓促宣布戒严，急征黄得功、刘泽清、刘良佐入卫。此时，清军已攻取泗州渡淮，史可法退保扬州，并连发奏章告急求援。

让他没想到的是，刘泽清、刘良佐竟然借口入卫，径自率军南下，完全不理会史督师。

惨淡经营几个月，一个左良玉，一个马士英，毁了整个江北防线。

仗打到这个份儿上，史可法基本上可以认命了。

但他也不是没有机会改变命运，这个机会就来自清朝豫亲王多铎的一封书信。

信中，清廷劝史可法弃明投清，像吴三桂等人那样在大清享福："先生领袖名流，主持至计，必能深维终始，岂忍随俗浮沉？取舍从违，应早审定。兵行在即，可西可东，南国安危，在此一举。"

史可法从容回信："贵国笃念迸发好，兵以义动，万代瞻仰，在此一举。若乃乘我蒙难，弃好崇仇，规此幅员，为德不卒，是以义始而以利终，为贼

扬州梅花岭史可法衣冠冢

人所窃笑也。"

你大清说打李自成是为了帮我大明复仇,是大义之举。如今趁我之危来打我,这太不道德了。咱们还是联手一起消灭李自成,到时候你回你的宁古塔,我做我的中原主,井水不犯河水,岂不快哉?

那白刀子进红刀子出岂不更快哉?饱读诗书的史可法跟一个杀人不眨眼的人讲仁义道德,又是一次对牛弹琴!

招降史可法未果,多铎发十万大军朝扬州城压过来。仅剩的一万余扬州守军,迅速埋没在黑压压的满洲铁骑里。

史可法知道,南边那个朝廷已经靠不上了;能够依靠的,只有扬州的军民。

史可法一面发布文告，加固城防，安定人心；一面写血书求南京派救兵。他把全城官吏军民召集起来，以必死的决心昭告天下："上阵不利，守城；守城不利，巷战；巷战不利，短接；短接不利，自尽！"

五月仲夏，扬州城外的多铎却打了个寒战。这位满洲猛士面对汉族的文人督师，竟然心有所悸。仗不好打，能劝就劝，多铎派人给史可法连发五封劝降信。

扬州城里，没人知道多铎写了些什么，给史可法开了什么条件。因为这五封信史可法连拆都没拆，全部付之一炬。

"我为朝廷首辅，岂肯反面事人！"壮哉史督师！

事到如今，只有以死报国。血战在即，史可法眼都没眨一下，他只是平静地对诸将说："吾誓与城为殉，然仓皇之中不可落于敌人之手以死，谁为我临期成此大节者？"

我不怕死，但决不能被满人俘虏，你们留个人到时候给我个痛快吧！

跟随他多年的副将史德威无奈地答应了。史可法十分高兴："我还没有儿子，你就做我的孩子吧。"他给史德威取名史直。接着，他又一气写下五封遗书，除一封致豫亲王多铎外，其余都是写给家人的。他给母亲和夫人的遗书中写道："北兵于十八日围扬城，至今尚未攻打，然人心已去，收拾不来！法早晚必死，不知夫人肯随我去否？如此世界，生亦无益，不如早早决断也！"

史可法下定必死的决心，来抗击清军，保卫扬州。然而，站在他身后的马士英之流竟然克扣军饷，还怂恿藩王们不服从史可法的指挥！

这简直是猪一样的队友！

而那边神一样的对手也开始发飙了。多铎久劝无功，恼羞成怒，没日没夜地轮番攻城。扬州军民奋勇作战。清兵死了一批，又来了一批，形势越来越危急。

面对生死较量，总兵李栖凤等人的精神彻底崩溃，连夜"拔营降清"，形势危矣！

史可法强作镇定，鼓舞士气，亲自带兵防守最重要的西门。

这边，史可法气定神闲；那边，多铎暴跳如雷。

扬州城外，清军的红衣大炮发出鬼哭般的震响。扬州城墙终于支撑不住，被轰开了缺口。大批清兵举着刀枪蜂拥入城。

大势已去……史可法目光如炬，他无比坚决地命令史德威：杀了我！史德威痛哭流涕，哪里下得去手？

情急之下，史可法拔剑自刎，却被众将拦住，拥下城楼。在扬州城小东门外，一意殉国的史可法还是做了俘虏。

很多大官再做了俘虏后，都极力掩盖自己的身份，免得惨遭敌人屠戮。虽然大多数时候这都是无用功，但躲得一时是一时，也算是对恐惧的一种安慰。

然而，大明督师史可法不需要安慰。刀枪上他打不赢清朝，气节上绝不肯服输。他要给他的王朝、他的民族、他的皇帝、他的人民一个交待。

史可法大义凛然、义正言辞地说了五个字："我史督师也！"

五个大字，掷地有声。

据说多铎曾派人再度劝降史可法，为时三天，史可法不为所动。多铎只好下令杀人。

史可法时年四十五岁。

史可法倒下了，再也没有人能够屏护江南。扬州城在清兵"十日不封刀"的残暴屠杀淫虐中，丧生八十万人。不久，南京沦陷，福王被押到北京，掉了脑袋。

史可法的遗体不知下落。一年后，史德威以袍笏招魂，将其衣冠葬于扬州城天宁门外梅花岭。

梅岭梅香梅含泪，可法可史可咏魂！

扬州城史公祠的这幅对联，成了千古绝唱。

史家胡同得名于史可法？

同为大明督师，史可法与袁崇焕还真有点缘分。

这不仅是因为两人都是大明抗清的中流砥柱，却都以悲剧告终；也不仅因为史可法中进士的时候，袁崇焕正披挂奔赴前线。

相传史可法殉国后，有人在北京为他建了祠堂，一如袁崇焕的祠堂香供京师。又传史可法的祠堂，就坐落在东城区的史家小学院落内，一如袁崇焕的祠堂比邻广渠门中学。

可是不同的是，袁崇焕祠名列国家级文物保护单位；而史可法在北京的祠堂，与二郎神庙一样，早已无寻觅处。

据朝阳门街道办事处副主任李哲推测，史可法乡望在北京东城，附祀于

史家小学大槐树

明嘉靖年间有本叫《京师五城坊巷胡同集》的奇书，
"史家胡同"四个大字赫然出现在这部奇书之中

家族祠堂亦有可能。不过旧日建筑已全数拆除，只剩一两棵老槐，史家胡同博物馆里有整条胡同上个世纪50年代末的模型复原，学校内一组建筑明显是祠堂庙宇的风格，史家祠堂一说看来并非虚传。

不知从什么时候起，史可法祠堂成为了史家胡同名称的源头。

据说史家胡同之所以名为"史家"，就是因为这里有一座史可法祠堂。更有甚者说，史可法当年就住在这条胡同里。

史可法在史家胡同的遗迹，今天已经很难找到了。史可法的位高望尊与高风亮节，倒是与史家胡同的"富贵"一脉相承。即便如此，我们还是得失望地面对一个现实：史家胡同之所以叫"史家"，可能真的跟史可法关系不大。

这事又得把史书往前翻到元朝。

翻开元顺帝至正年间（1341年—1368年）的大都地图，在今天东城区史家胡同的位置上，我们已经可以清晰地看见胡同的脉络，只是那时的胡同还没有明确的名称。可以说，史家胡同最迟到元朝，已经建成，隶属思诚坊。

到了明清时期，越来越多的古籍文献中出现了史家胡同的名字。明嘉靖年间有本叫《京师五城坊巷胡同集》的奇书，"史家胡同"四个大字赫然出现在这部奇书之中。而在万历、崇祯年间的北京城地图里，史家胡同也确实有了名字。

可见，不管史可法与史家胡同有多深的渊源，早在史可法之前，这条胡同已经以"史家"命名了。

其实除了史可法，还有另一种关于史家胡同名称的来历。

相传这条胡同里曾经有个姓史的大户人家，于是胡同便以"史家"命名。至于这个姓史的大户人家跟史可法有没有关系，那就不得而知了。我们今天知道的是，在此后的数百年中，这条胡同里，出了无数的大户人家。

史可法（1601—1645）

字宪之，又字道邻，祖籍京师顺天府大兴县（今属北京市），河南开封祥符县（今属河南开封市）人。师承东林党左光斗。崇祯元年（1628 年）进士，任西安府推官，后转平各地叛乱，整治漕运。崇祯末年，担任南京兵部尚书。李自成攻陷北京后，他与马士英等人拥立福王朱由崧即位，任兵部尚书、武英殿大学士，督师江北，节制四镇。弘光元年（1645 年），清军大举围攻扬州城，不久后城破，史可法拒降遇害，尸体下落不明。时扬州梅花岭一带有许多号称是史可法的军队，所以当时有史可法未死的说法。后人收其著作，编为《史忠正公集》。南明朝廷谥之为"忠靖"，清乾隆追谥为"忠正"。

贵

史家胡同从满洲宗族来这里开府建宅，到维新党人在这里掀起变法，从文状元到武将军，从赛金花到女子园，从太后大红人到主席座上宾，那些形形色色的贵人，让这条本就不甚普通的胡同，愈发贵不可言。

一个老佛爷，
两座大宅门

和王题字难题和

桂殿与山连，兰汤涌自然。阳崖含秀色，温谷吐潺湲。

绩为能祛暑，功因养正宣。顾立将亿兆，同此世昌延。

史家胡同 55 号院的影壁上，至今题着这么一首堪称史家一绝、却极难一睹真容的诗。诗的作者，据说是清朝的和亲王。

说起和亲王，估计没有几位知道他是干吗的。不过说到他的八世孙——大名鼎鼎的书法家启功，可谓华夏九州无人不知无人不晓。这位和亲王名叫弘昼，老爹是雍正皇帝胤禛——出了名的稳准狠，四哥是乾隆皇帝——还当孙子的时候据说就已经被内定为皇位继承人。有这样的父兄，弘昼生存的压力山大可想而知。

史家胡同 55 号院

　　这也就算了，弘昼还有位不长眼的三哥，名叫弘时。据说弘时曾与乾隆皇帝弘历争夺皇位继承权，亲身经历九王夺嫡的雍正皇帝为了给弘历保驾护航，生生把这位不长眼的亲儿子给毒死了。

　　所以弘昼是个明白人，他知道生在帝王家长在龙袍下的高处不胜寒，跟他那个不长眼的哥哥弘时正相反，弘昼选择了不走心。他把有限的精力，投入到无限的办丧事、吃祭品的活动里，成了历史上出了名儿的荒唐王爷，成功躲过了围绕帝国最高权力的一场血雨腥风。

说起和亲王（爱新觉罗·弘昼），估计没有几位知道他是干吗的。不过说到他的八世孙——大名鼎鼎的书法家启功，可谓华夏九州无人不知无人不晓

对于大多数风口浪尖儿上的人来说，像和亲王弘昼这样，既要保住高贵的身份，又要和和气气地度过一生，就一个字儿：难。

扯了半天弘昼的家世，我们先回到 55 号院影壁上那首诗，说起来，还真有点眼熟。您别说，翻开《全唐诗》，还真就找到一首跟它差不多的：

桂殿与山连，兰汤涌自然。阴崖含秀色，温谷吐潺湲。

绩为蠲邪著，功因养正宣。愿言将亿兆，同此共昌延。

诗的名字叫《惟此温泉是称愈疾岂予独受其福思与兆人共之乘暇巡游乃言其志》，长到猛一看没人读得懂是啥意思；诗的作者比和亲王的八世孙还要鼎鼎大名——唐明皇李隆基。

这是一首李隆基赞美温泉的诗。弘昼这首诗，有点涉嫌侵权。

李隆基喜欢在温泉里泡澡，却泡糟了好好的大唐江山，招来了安禄山的金戈铁马。

弘昼提笔改"阴"为"阳"，就真的能躲过这样的血雨腥风吗？

坊间流传，弘昼最终被乾隆皇帝赐死，此传言真假难辨。

唯一可以确信的是，被弘昼题字的史家胡同，没有躲过血雨腥风。

晚清最惨烈的两场政变，正在这条显贵云集的胡同中酝酿。

而这一切，都源自那位老佛爷。

爱新觉罗·弘昼（1712—1770）

雍正帝第五子，雍正十一年（1733年）封和亲王。为历史上著名的荒唐王爷，喜好办丧事，吃祭品，但亦有历史学家指他其实是为免卷入弘时和弘历对皇位的争夺而以"荒唐"为名韬光养晦。乾隆三十五年薨，谥恭，是为和恭亲王。五世孙溥良为光绪六年（1880年）庚辰科进士，六世孙毓隆为光绪二十年（1894年）甲午恩科进士，八世孙启功为当代书法家、国画大师。

焦家大院里的顾命大臣

和亲王当年是给谁题的诗，如今已经无从考证。不过和王百余年后，55号院住进了一位达官显贵。在很长的一段时间里，55号院都被称作"焦家大院"。它的新主人，名叫焦祐瀛。这个名字，乍听起来很陌生，但如果得知他的头衔，许多人就会惊得目瞪口呆——军机大臣，赞襄政务大臣。

史家胡同 55 号院大门石鼓

换句话说，他是咸丰遗诏辅政的"顾命八大臣"之一，慈禧太后与恭亲王奕䜣的死对头。

焦祐瀛本是天津人，清道光十九年（1839 年）举人，才华出众。民国年间戴愚庵在《沽水旧闻》中曾写道："天津进士焦祐瀛，文章道德，一时无双。"咸丰十年（1860 年）九月，焦祐瀛正奉命在天津静海一带治团练，突然被召从幸热河（今承德）。因他文笔敏捷，才干超群，又颇有见识，经一位宗室大臣推荐，是年十月，命在军机大臣上学习行走，为"挑帘军机"，实任军机大臣，当时皇帝诏书多出其手。

从这一时刻起，焦祐瀛飞黄腾达，指日可待。因为推荐他的宗室大臣，名叫肃顺。

肃顺是一个争议非常大的人。在很长一段时间里，人们都认为肃顺是一个粗暴蛮横、目中无人的官混子。后来翁同龢就说他"种种欺罔跋扈状，真堪发指"；曾国藩更将他比作李斯、曹操、董卓、杨素，说他"智力皆横绝一世，而其祸败亦迥异寻常"。

肃顺后来被慈禧和恭亲王搞败，官方评价不佳情有可原；但他的"群众基础"也差得很，他落败时，旗人欢聚一堂拍手言欢，指着鼻子骂他："肃老六，你也有今天！"

旗人之所以这样恨他，因为肃顺做了两件事：其一，铁腕反腐；其二，重用汉臣。

咸丰年间，肃顺以铁腕的方式面对自乾隆末期以来的官场腐败，严厉打击贪污腐败，严惩渎职失职，整肃官场政风，朝廷一品大员亦逃不过他的手掌心儿。

与此同时，这位骄横专权、目中无人的爱新觉罗宗室，对待有才华的汉臣却格外礼待。他曾说："咱们旗人浑蛋多，懂得什么！汉人是得罪不得的，他那枝笔利害得很！"

肃顺一反过去清廷重满抑汉的做法，提出应重用汉族官员，并向朝廷推荐曾国藩、左宗棠、胡林翼、郭嵩焘等汉族官员，为平定太平天国、同光中兴网罗了人才。

因此，满洲旗人对肃顺有着深深的恨。

但在肃顺败亡之前，对于颇有本事的笔杆子焦祐瀛来说，肃顺给了他千载难逢的机遇，即便他还仅仅是排名最末的军机大臣，但已经接触到这个国家最为核心的权力。

果然，自从被肃顺视为人才，焦祐瀛迎来了火箭式飞升。

咸丰十一年，咸丰皇帝驾崩热河，皇子载淳即位。咸丰病重之时，特别召见了怡亲王载垣、郑亲王端华、御前大臣景寿、协办大学士肃顺，军机大臣穆荫、匡源、杜翰、焦祐瀛等，命八人"尽心辅弼，赞襄一切政务"。这八人，就是后世著名的顾命八大臣。

焦祐瀛名列其中，进了大清的决策群体。此后的一百天，是他一生中最为辉煌的一百天，也是他从政生涯的最后一百天。

而结束这一百天的，正是慈禧太后。

咸丰临终时虽然遗命八大臣"赞襄政务"，但是又怕小皇帝大权旁落，于是将自己刻有"御赏"和"同道堂"的两枚御印，分别赐给了皇后和懿贵妃，也就是后来的慈安太后与慈禧太后，并颁诏说，此后新皇帝所颁的一切诏书，都要印有这两枚御印才能有效。

也就是说，没有两宫太后的"橡皮戳儿"，八大臣什么命令都不能以皇帝的名义发布，也就是个摆设。

但是慈禧不甘于当橡皮戳儿，八大臣也不甘于做摆设，于是，烽烟一触即燃。

慈禧一面联络恭亲王奕䜣、醇郡王奕譞，掌控北京局面与军事大权，一面秘派御史董元醇上折请两宫太后临朝听政。对于董元醇的建议，皇太后下了懿旨：一概准奏。

以肃顺为核心的八大臣怎能甘心交出手中大权？他们决定，对皇太后的懿旨完全不予理会，另起炉灶，拟旨"痛驳"董元醇。

最初，负责草拟谕旨的是军机章京吴兆麟，由他根据八大臣口头叙述的意见草拟诏书。可是吴兆麟的草诏不痛不痒，肃顺干脆弃之不用，搬出了自己的笔杆子——焦祐瀛。

军机章京出身的焦祐瀛，拟旨本就在行。他手起笔落，以小皇帝载淳的口吻，按肃顺的意思洋洋洒洒，一挥而就，无愧"文章道德，一时无双"。

焦祐瀛的旨稿颇为霸气，上来就将"我朝圣圣相承，向无皇太后垂帘之理"的大帽子，死死扣在两宫太后的脑袋上。紧接着，又说盖章这种事是皇帝的事，这等于是说你两宫太后连"橡皮戳儿"都做不得。最后，旨稿中更是一句"奏请皇太后权理朝政，甚属非是"，简直是以皇帝的口吻，在教训两位额娘了。

旨稿可谓畅快淋漓，估计话再说重点，可比昔日陈琳、骆宾王的檄文名作。

可惜焦祐瀛的才气太逼，霸气太漏，不仅两宫太后被他的旨稿气得半死，连恭王、醇王也是勃然大怒。

他们怒了，八大臣的位子就悬了。

一个半月后，愤怒的太后、亲王、郡王联合发难，八臣下马，太后称制，恭王上台。史称"辛酉政变"。

肃顺被押到菜市口砍了脑袋，载垣、端华赐死，其他人流放的流放，削职的削职。晚清史上，第一个雷厉风行的改革集团，还没来得及施政，就被一场与改革毫无关系的政变搞垮了。

焦祐瀛官最小，进入朝廷中枢最晚，根基也最浅，这本来是他从政的劣势，此刻却成了他最后一根救命稻草。心狠手辣的慈禧太后，仅仅对他革职了事。

在梦幻般的一百天后，焦祐瀛离开了朝廷，离开了北京，离开了史家胡同。

55 号院的大门，沉沉地关闭了。

焦祐瀛

字桂樵，直隶天津人。道光十九年（1839 年）举人，考授内阁中书，充军机章京。累迁光禄寺少卿。咸丰十年（1860 年），命赴天津静海诸县治团练，召回从幸热河，命在军机大臣上学习行走，迁太仆寺卿。以才华见重于肃顺。咸丰帝驾崩前，任命他为"顾命八大臣"之一。但随即慈禧太后与恭亲王等人发动辛酉政变，他被革职，归隐天津"逋园"，晚年家境日蹙。其曾孙焦菊隐是我国著名戏剧家和翻译家。

凌家大院注定与改革结缘

肃顺做了刀下鬼，慈禧当了老佛爷，洋务改革方兴未艾，甲午海战一败涂地。

中国的第一场近代化改革，随着北洋舰队的覆灭，宣告失败。

光绪二十一年乙未（1895 年），就在《马关条约》签订的这一年，一个名叫凌福彭的青年官员考中了进士二甲第三名。从这时起，他注定与改革结下不解之缘。

许多年后，凌福彭成为史家胡同 24 号院的主人。在慈禧主政的年代，凌家大院也成为焦家大院之后，史家胡同最为耀眼的一座大宅门。

凌福彭与改革结缘，还要从考试说起。

光绪二十年（1894 年），凌福彭结识了一位进京赶考的广东老乡，此人在今日中国可谓家喻户晓，而在当时也已经声名在外。他不是别人，正是日后推动戊戌变法、大名鼎鼎的康有为。

凌福彭曾是史家胡同24号院的主人。在慈禧主政的年代，凌家大院也成为焦家大院之后，史家胡同最为耀眼的一座大宅门

　　康有为这人比较能忽悠，据他后来自己说，在一年后的那场殿试里，他考了二甲四十六名，也就是成为了凌福彭的同年。其实这都是他在瞎扯，因为乙未科的进士榜单上，压根就没他康有为的大名。

　　康有为虽然没有做成凌福彭的同年，但确实做了凌福彭的哥们儿，这可能是康有为此次赴京最大的福分。凌福彭早在考取进士前，已在军机处为官多年，在北京官场也算得上有点人脉，其中就不乏张荫桓这样的朝廷重臣。

　　张荫桓也是广东人，办事干练，深受慈禧赏识，又得光绪崇优，身兼总理衙门大臣和户部侍郎，承担外交、财政两大重任，是名副其实的栋梁之才。凌福彭亲自掏腰包揽饭局，把康有为推荐给了张荫桓，随即张荫桓又把康有为介绍给了帝师翁同龢，荐举给了光绪皇帝。

　　戊戌变法的大戏，由此拉开序幕，凌福彭就是这个拉开序幕的人。

史家胡同 24 号院

　　然而由于各种原因，戊戌变法仅仅维持了一百零三天，最后失败。慈禧太后发动政变；光绪皇帝横遭软禁；六君子喋血问斩；康有为逃亡海外；张荫桓流配新疆，两年后被杀。清廷的国策日渐保守，大清王朝国势倾颓。

　　光绪二十六年（1900年），亘古未有的八国联军攻占北京，慈禧太后挟光绪帝仓皇出奔西安。北京城里一片狼藉，凌福彭也不得不狼狈地拖家带口，逃往怀柔避难。一年后，当他回到北京后，即被任命为天津知府。

　　天津，这是当年焦祐瀛失势归隐之所，也是如今凌福彭建功立业之处。

　　八国联军侵华之后，慈禧太后终于认识到改革的势在必行，比邻北京的天津就成了新政的试验地。天津知府凌福彭，从改革的背后走到了前台。

康有为这人比较能忽悠，据他后来自己说，在一年后的那场殿试里，他考了二甲四十六名，也就是成为了凌福彭的同年。其实这都是他在瞎扯，因为乙未科的进士榜单上，压根就没他康有为的大名

　　光绪二十九年（1903 年），凌福彭率领着顶头上司袁世凯亲自挑选的三千北洋新军，以警察维持治安的名义，从八国联军手里收复天津城。随即，在这座毁于战火的废墟之上，凌福彭凭借这三千新军，一举开创了一系列中国历史上的第一：第一个巡警制度，第一次人口普查，第一座警官学校……他筹办工艺学堂，成立商务公所，改革司法制度，推动狱制改革，推行地方自治。他第一次使如此多的中国人，享受到现代社会文明的曙光。

　　凌福彭的干练，很快超越了当年跟他一起请客吃饭的老乡张荫桓。他的卓越才识与办事能力，深得袁世凯的肯定。光绪三十三年（1907 年），袁世凯向光绪帝保荐凌福彭时说：

　　（凌福彭）光绪二十六年奉旨补授天津知府，光绪二十七年九月到任。

张荫桓是广东人，办事干练，深受慈禧赏识，又得光绪崇优，身兼总理衙门大臣和户部侍郎，承担外交、财政两大重任，是名副其实的栋梁之才

其时天津尚未收回，该员往来津、保，将一切应办事宜预为筹备。

光绪二十八年秋间，随臣到津接受地面，部署善后事宜，井井有条。

光绪三十年委赴日本，考查监狱、工艺，各得其精意所在，差竣回国，缕晰条陈。天津习艺所之设，规制章程，皆由该员手订，保定踵而行之，化莠为良，囚徒受福。一面设局创兴工艺，贫寒子弟皆得执业以谋生。是年大计，保荐卓异，曾护天津道，并代理津海关道篆，河工洋务，考求有素，因应咸宜。

光绪三十二年调补保定府知府，保定设有谳局，为通省刑名总汇，遇有疑难重案，督饬局员，悉心推鞫，务得真情，民不含冤，狱无留滞。因天津交涉事繁，仍调署天津府篆，以资熟手，并令督办自治局，总理高等审判分厅，以为立宪基础。

最后，袁世凯还特别强调：

该员才长心细，器识宏通，如果重以事权，必能力膺艰钜。

光绪三十四年（1908 年），在袁世凯的举荐下，凌福彭擢升顺天府尹；次年，再升直隶布政使。这是晚清史家胡同最为光彩的一段时间。

然而，众多凌福彭们的努力，仍旧无法拯救晚清于倾颓。宣统三年（1911年）武昌首义，清廷的统治瞬间土崩瓦解。在袁世凯的调停下，清朝皇室与南方革命军达成《优待清室条件》，清帝宣布逊位；不久，袁世凯取代孙中山成为中华民国临时大总统。

旧的时代结束了，新的时代却远远没有到来。

专制、独裁、复辟、帝制，袁世凯当政期间，并没有继承南方革命政府的民主政策，而是将中华民国推向中华帝国的深渊。

而作为中国历史上最后一批士大夫精英的佼佼者，被袁世凯称为能“力膺艰钜”的凌福彭，在目睹了晚清新政功亏一篑、民国新制的混乱不堪后，也似乎失去了昔日的锐气。当年的改革大家如今蜕变为袁世凯御用会议的议员，先为约法会议议员，再为参政会参政，直到回广州成立集思广益社，以讨论国体为名，拥袁称帝。1916 年，袁世凯在举国骂声中凄凉去世，凌福彭也自此退出政界，归隐胡同。他将自己的一腔热血与抱负，遗落在广大的中华大地；却把一世才情，带回了小小的史家胡同。

凌福彭精于词章、酷爱绘画，曾与齐白石、姚茫父、王云、萧厔泉、周启祥、金城、王梦伯、陈半丁、陈衡恪等著名画家过从甚密，组织“北京画会”，家里常有文人墨客出出进进。

1931 年，当年的改革新贵凌福彭与世长辞于广东。身后的凌家大院里，并没有留下一个纨绔不肖的"贵二代"，而是留下一朵惊艳的玲花。她叫凌叔华，首屈一指的民国才女，史家胡同 24 号院的新主人。而焦府的后人，也悄然回到了史家胡同，以焦菊隐之名，震撼整个中国的戏剧界与翻译界。

一花一菊，不见了官场的刀光与剑影，却多了几分文士的淡然与典雅。昔日走向枯竭的权贵之门，终于化作一股灵气，重新在史家胡同这条深巷里，生根发芽。

凌福彭（1856—1931）

清朝光绪十一年（1885 年）乙酉科拔贡。此后曾入张之洞幕府。光绪十九年（1893 年）取军机章京。光绪二十一年（1895 年）中式乙未科进士，留军机处任职。光绪二十六年庚子事变爆发，与梁士诒、关冕钧、陈伯陶、麦鸿钧等人携家眷等共一百多人逃出北京，途中险些被乱民杀害，后避居怀柔县。同年 10 月回京，补授天津府知府。因天津被八国联军控制，直到两年后才得以上任。光绪三十一年（1905 年），改署保定府知府，次年实授。光绪三十三年（1907年），护理天津道。他还曾代理津海关道，任长芦盐运使。光绪三十四年（1908年），任顺天府尹。宣统二年（1910 年）初，任直隶布政使。任天津府知府时，正值袁世凯在直隶推行新政，以天津为试点，凌福彭负责实施，成为天津地方自治的开创者。中华民国成立后，他历任崇陵工程督修，袁世凯大总统府政治谘议，政治讨论会副会长，约法会议议员，获授少卿，二等嘉禾章。从政多年，结交了张荫桓、康有为等政界名流。工书画词章，结交辜鸿铭、齐白石、姚茫父、陈半丁、陈衡恪等文化界名流。离开政界隐居北京后，以书画自娱自乐。1931 年，病逝于广州西关。

权贵乎？
民贵乎？

据说宅子的主人是大太监李连英

在史家胡同的众多大宅门的传说里，大概没有哪座比 53 号院的本家儿更神奇的。

据说晚清时期，这座大院曾是大太监李连英的外宅。李连英大家都不陌生，慈禧的贴身太监，甚至有传言，说他曾被称为"九千岁"。当然，即便李连英真的被称为"九千岁"，也与明朝那位被敕封的"九千岁"魏忠贤不可同日而语。

即便如此，李连英也有着这个古老帝国许多人望尘莫及的荣耀。按照清朝祖制，宦官最高的品级是正四品；然而慈禧因为对李连英宠爱，硬是赏他戴二品顶戴花翎。

又如光绪十四年（1888 年），北洋水师建成。海军衙门的负责人醇亲王奕谭为了洗脱揽权之嫌，特向慈禧提请李连英随己检阅水师。这在严禁宦官干军干政的清朝，又成了绝顶荣耀。一个是融世界最先进技术、号称世界第七亚洲第一的海军舰队，一个是帝制中国最腐朽没落的宦官制度，这也称得上是大清史上一段奇话。

慈禧对李连英的宠爱、信任与依赖无言以喻。甚至有人说，慈禧临死前毒死光绪皇帝，执行人也是李连英。

这样一位显贵落户史家胡同，真不知道是史家胡同之贵，还是史家胡同之窘。

不过，李连英在史家胡同买宅子，至今也只是一个遥远的传说，不见考证，也无处考证。

李连英（1848—1911）

直隶省河间府大城县（今河北省大城县）李家村人，晚清著名宦官。本名李英泰，进宫后改为李进喜。由慈禧太后赐名连英，俗作莲英。在宫中期间，深得慈禧太后器重，太后甚至打破"太监品级以四品为限"的皇家祖制，封为正二品总管太监，统领全宫所有宦官。办事事上以敬，事下以宽，谨小慎微。在慈禧晚年，他更像是慈禧的一个伴侣，而不是奴才。光绪三十四年（1908 年）慈禧太后去世后，李连英向隆裕太后请求退休，隆裕准其出宫返家居住。宣统元年（1909 年），李连英于慈禧逝世百日后离宫，时年 60 岁。宣统三年（1911 年）辛亥革命爆发前夕去世。

据说后来住进了状元夫人赛金花

关于太监的传说，就跟太监本身一样，下边没了。接下来要说的，是一段状元和他夫人的传说。

还是晚清，据说55号院后来被状元洪钧买了下来。洪钧的知名度似乎不高，不过提到他的三姨太洪梦鸾可谓无人不知无人不晓了。

什么？洪梦鸾是谁？哦，洪梦鸾后来还有一个"响当当"的名字——赛金花。

赛金花闺名赵灵飞，乳名赵彩云，还有一说本来姓郑，安徽人。幼年被卖到苏州的"花船"上为妓，改名傅彩云。1887年，适逢前科状元洪钧回乡守孝，对她一见倾心，遂纳为三姨太，洪钧时年48岁，赛金花据说仅15岁。

据清人陈恒庆《归里清谭》记载：洪钧未中状元时，曾经得到一个妓女的资助，两人定下白头之约。后来洪钧辜负了这名女子，女子上吊而死。

恰巧女子上吊之日，正是赛金花出生之日，赛金花脖子上又恰好有一圈与生俱来的红痕，洪钧认定这是前世情债，要在她身上偿还。

这故事多半是后来的牵强附会，但赛金花确实从此搭上了状元郎的船，漂洋过海，游历欧洲。

就在纳赛金花后不久，洪钧奉旨为驻俄罗斯帝国、德意志帝国、奥匈帝国、荷兰王国四国公使，其原配夫人畏惧华洋异俗，遂借诰命服饰给赛金花，命她陪同洪钧出洋。出使期间，赛金花在柏林居住数年，到过圣彼得堡、日内瓦等地，周旋于上层社会。她受到过德皇威廉二世和皇后奥古斯塔·维多利亚的接见，传说还与后来的八国联军统帅瓦德西相识。在柏林居住期间，赛金花与洪钧生一女，取名德官。

洪钧，江苏苏州府吴县人。
中国近代著名外交家、学者

　　光绪十八年（1892 年）底，洪钧任满归国，仍住在北京的邸宅。据说就在这个时候，洪钧买下了史家胡同的 53 号院。有人说他们从此就入住史家胡同；也有人说，还没来得及入住，洪钧第二年就一病不起撒手人寰。

　　赛金花还没来得及与史家胡同真正交集，就跟这条胡同说拜拜了。

　　传说洪均临死前，遗嘱留下 5 万银元，委托族弟将此款交给赛金花，以供生活之用，但人心不测，这笔钱被洪氏族亲私吞了。

　　此后的赛金花离开了北京，到上海重操就业，后又辗转京津，并正式改名"赛金花"，靠着姿色与状元夫人、公使夫人的名号招揽生意，人称"花榜状元"。

　　后来有人作诗说赛金花与洪钧的姻缘：

　　天苍苍，野茫茫，两个状元成一双，一树梨花压海棠。

赛金花闺名赵灵飞，乳名赵彩云，还有一说本来姓郑，安徽人。幼年被卖到苏州的"花船"上为妓，改名傅彩云

坊间有说，八国联军攻入北京时，仗着私人关系，赛金花曾劝阻瓦德西杀人，游说克林德公使的遗孀；不过又有人说，这些都是捕风捉影不靠谱儿的事儿。因为当时赛金花曾卖给德军土豆做军粮，结果因为土豆被冻，德国军官不要了。为了这点小事，她都要去请中国人帮忙跟德军说情，就别提什么瓦德西和克林德夫人了。

赛金花的稗官野史至今令人津津乐道，而人们往往忽视了，他那位状元老公洪钧的远见卓识。

洪钧是中国唯一出国担任公使的状元。在国外期间，洪钧本着与世界接轨的先进理念，改革了中国的电报字码，将中国使用的四字码改成国际通用的三字码，为清政府节约了巨额通讯费用。

同时，洪钧收集、翻译、整理了众多外国资料，著成《元史译文证补》三十卷，被称为西方蒙元史研究的案头必备之书，并由此确立了他作为"元史之祖"的地位。

洪钧还是晚清政府中唯一预言会爆发世界大战的人。出使俄国、德国、奥匈、荷兰四国期间，他认真考察外国政治、经济、文化，回国后向慈禧报告：

看中、欧形势而言，欧洲多事，则中国稍安。有见识者以为不出十年将发生欧洲战事。

他还说"英国则常为局外之观"，"惟俄国则有并吞之志"，"法国则复仇为心"，"德国则惟日孜孜以秣马厉兵为事"，"俄、奥两国现在甚有违言调兵增戍"。因此，他向朝廷建议：中国应当抓紧时机"修明政事，讲究戒备"，"时不可失"。

洪钧去世二十年后，第一次世界大战在欧洲爆发。

洪钧（1839—1893）

字陶士，号文卿，江苏苏州府吴县人。中国近代著名外交家、学者。

同治七年（1868年）戊辰科状元，精通德文、英文，后受命为德、奥、俄、荷四国特命公使，驻地柏林，预言第一次世界大战的爆发。改革中国电报字码，使之与国外大致统一，节省了大量费用。通经史，撰《元史译文证补》三十卷，并通过在国外找到的资料对元史进行补充，在中国史学有重要地位。与拙政园和虎丘都有着渊源。

光绪十八年（1892年）回国授总理各国事务衙门大臣。回国当年，帕米尔中俄争界案，洪钧由于不懂俄文，使用了俄制地图，遭到官员们的联名弹劾。洪钧精神遭受沉重打击。在悔恨交加中抑郁成疾，于次年病逝于北京，年仅五十四岁，令光绪皇帝深为痛惜。

赛金花（?—1936）

　　闺名赵灵飞，乳名赵彩云（一说姓郑），先后改名傅彩云、洪梦鸾、曹梦兰、赛金花、魏赵灵飞，安徽徽州黟县人，中国近代名妓。初为苏州妓女，后为晚清状元洪钧三姨太，以夫人身份随洪钧出使德、俄、荷、奥欧洲四国。洪钧病逝后先后在上海、天津、北京等地重操旧业，有"花榜状元"之称。一生有三段婚姻，晚年贫困潦倒，病逝于北京，葬于陶然亭"香冢"旁，据说墓碑为齐白石所题。

从将军府到女子园

　　1948 年，对于住在史家胡同 25 号（旧门牌，即现在的 53 号院）的范汉杰来说最为难熬。

　　抗日战争时期，他任二十七军军长，率部在山西太行抗击日军达 4 年之久。1941 年升为三十八集团军总司令。后调任第一战区副司令长官兼参谋长，国防部参谋次长、国防部陆军副司令、第一兵团司令兼热河省主席、国民党军装甲兵团司令。

　　1948 年初，东北战局如箭上弦。范汉杰在 9 月被蒋介石任命为东北"剿总"副总司令兼锦州指挥所主任。领导 1 个兵团、4 个军、14 个师约 15 万人防守锦州，担负着保护东北国民党军咽喉的重任。

　　范汉杰奔赴辽沈前线，正是从史家胡同 53 号院出发。

　　1948 年 9 月，东北野战军主力共 11 个纵队发起锦州战役。范汉杰急电蒋介石、卫立煌派兵支援。蒋见局势严重，亲飞沈阳督战，专门派了一架直升机往锦州空投一信给范汉杰，询问他是否能将军队撤至锦西以利突围。范汉杰复电蒋介石表示坚守锦州，认为如能在锦州吸引住解放军主力，则可以从关内和沈阳抽调两个兵团分南北夹击解围，进而可以与解放军决一死战。

10月初，解放军各路纵队将锦州城死死围住，并用大炮不分昼夜轮番轰炸。范汉杰见大势已去，于10月14日黄昏，乘着夜色，携其太太与兵团司令、参谋长往城外逃跑。翌日，在离锦州20多里的一条小路上被解放军俘获。

不到一年，范汉杰便由将军而成战犯。

范汉杰被俘后，被关押改造12年，1960年被特赦，在北京郊区园艺队劳动。1962年任全国政协文史资料研究委员会委员，曾撰写了《锦州战役回忆》等文章。1964年任第四届全国政协常委。1976年1月16日病逝于北京，终年82岁。

范汉杰奔赴辽沈，他在旧中国的荣耀有去无回；跟那份荣耀一起有去无回的，还有那个时代。

当史家胡同53号院的宅门再次洞开时，无论是传说中的太监外宅、状元府邸，还是实打实的将军宅院，早已成为过眼云烟。新时代到来了，53号院有了一个响亮的新名字："好园"。

何谓"好"？好，女子也。

"好园"的名字是邓颖超所题，这里一度成为全国妇联的办公点，蔡畅、邓颖超、康克清、帅梦琪等皆曾在此办公。上世纪八十年代，这里成为全国妇联下属的好园宾馆。

从地位显赫的权宦、仕途无量的状元、拥兵征战的将军，到旧社会最看不起、新社会终见天日的女子，史家胡同的"贵"，第一次从"权贵"走向了"民贵"。

当史家胡同53号院的宅门再次洞开时，无论是传说中的太监外宅、状元府邸，还是实打实的将军宅院，早已成为过眼云烟。新时代到来了，53号院有了一个响亮的新名字："好园"

如今的好园是京城著名的宾馆，平日里大门紧锁，倒是很少有人能够进得此院。可就是这对紧闭的朱漆大门，在整条史家胡同里最为扎眼。乍一看去，这大门比相邻院落的广亮大门还高出不少，足可走车。对开的府门上悬挂着黑底金字的匾额"好园"，落款邓颖超。

好园宾馆是一套两进四合院，前院进深甚宽广，足可并排停下三辆金杯车。这样的庭院规模寻遍四九城也罕有匹敌。东西配房的房檐上，悬挂着两排宫灯，金风抚过，更显气质。

顺着抄手游廊可以直通后院，这里是典型的老北京范儿。茂密的藤萝架下放着养鱼的瓦缸，汉白玉的石桌椅上刻画着棋盘，雅兴至时，还可与亲朋好友在此下局棋，不亦乐乎？如今这里还经常举办喜宴，中西合璧的婚礼更是不鲜见。

本来53号院还有第三进院，不过现在已经划至内务部街44号了。这第三进院带转角廊，正房三间，前带半圆形月台，正房顶为硬山合瓦清水脊，东西厢房各三间，北端带一耳房，厢房顶与正房同，各房均带排山沟滴。可见当年这座宅子是何等气派。

范汉杰（1896—1976）

名其选，字汉杰，广东大埔人。国民革命军陆军中将。早年参加北伐战争，参加过大败军阀吴佩孚的汀泗桥战役和讨伐孙传芳的江西德安马回岭战役等。抗日战争时期担任第一战区副司令长官兼参谋长等职。抗战胜利后曾任国防部参谋次长、中华民国陆军副总司令，后任东北"剿总"副总司令兼锦州指挥所主任。1948年在辽沈战役中被俘，被关押改造12年，1960年特赦。1964年任第四届全国政协常委。1976年1月16日病逝于北京，终年80岁。

毛泽东的座上宾
——章士钊

　　我们家从上海迁到北京整整十年，父亲从未向政府开口要过住房。总理那次见到父亲拥挤不堪的书房兼客厅，感到十分吃惊，他连声自责，说对父亲没有关心到，这么多年，竟让父亲借居友人家中。回去后，总理立即报告了毛主席，并且指示国务院管理局为父亲找一个四合院住宅。本来，许多高级干部当时的宿舍都是四合院。但在母亲选定51号院之后，周总理又郑重其事地对父亲说他请示了毛主席，这房子是送给父亲的，感谢他对共产党的帮助和合作。

——章含之（章士钊养女）

海棠怒放在51号院

　　1960年之晨，史家胡同一如既往的静谧，清脆的鸟鸣应和着薄雾的氤氲，为胡同搭上一层似有似无的纱，仿佛一幅淡淡的水墨。

　　直到第一缕晨光，洒在51号院的门前。

史家胡同51号院

一双苍劲的老手，缓缓推开这座庭院的大门，扑面而来的竟是一股浓郁的幽香。紧接着，一团熊熊舞动的烈火，映亮了整座院落。那是院子里正怒放的海棠花！

对于平凡的51号院，这一天注定不凡。因为这里即将入住一位重量级人物——民国政界大员与学界大家，新中国著名民主人士，段祺瑞的幕僚，陈独秀的律师，胡适之的诤友，毛泽东的至交。

他就是章士钊。

1959年，章士钊仍然住在北京东四八条54号(今111号)。那是著名建筑家、实业家朱启钤的私宅。自从新中国成立，章士钊进京，他们一家人就一直住在朋友家的后院房里。这个后院其实还算大，北面有五间正房，前面还有廊子。

西厢房为章士钊和夫人居住，南面三间由章士钊长子章可居住，北面一间由女儿章含之居住，东厢房是客房，供外地来京的客人暂居小憩。

也就是这一年，国务院总理周恩来第一次踏进章士钊的住所，踏进章士钊住的西厢房。当时，这座书房兼客厅摆满了各式书籍及杂物，是那样的拥挤繁乱。

"行老，你解放十年还住在朋友家里，怎么从来不告诉我们为你找幢房子？"面对此情此景，周恩来感慨万千，"这怪我疏忽，没有想到，很对不起你啊！"

的确，当时很多高级干部的宿舍都是四合院，而章士钊这样的革命前辈却借住在别人家的后院里，于情于理都说不过去。

章士钊闻言着实激动，再三表示，这区区小事怎么能麻烦总理呢，说只要有个地方写字、看书就可以了。

回去后，周恩来立即向毛泽东汇报了情况，并请示给章士钊另找一座独立的四合院，让老人安享晚年。毛泽东也十分同意。

随即，周恩来指示国务院管理局为章士钊找一个合适的四合院，最终选定了史家胡同 51 号院。当他再度探望章士钊时，郑重其事地说："行老，我已请示了毛主席，这房子是送给你的，感谢你对共产党的帮助和合作。"

此时，章士钊定居北京已过了十年，他已经 78 岁。

毛泽东"还债"

章士钊对共产党的帮助与合作不是一天两天了，他与毛泽东的交情更不是一天两天了。

1918 年 8 月，刚刚从湖南第一师范毕业的毛泽东来到北京，担任北大图书馆图书管理员，并与在北大任教的杨昌济的女儿杨开慧相爱。据说章士钊极力赞同这门婚事，并自告奋勇代杨"把关"。

到了 1920 年 6 月，毛泽东、蔡和森为新民学会赴法国勤工俭学一事从北京南下上海，持杨昌济手书拜见章士钊，求予资助。杨昌济对好友写道："吾郑重语君，二子（即毛泽东、蔡和森）海内人才，前程远大，君不言救国则已，救国必先重二子。"章士钊见信，二话没说，当即倾囊而助，发动社会各界名流捐款，共筹集两万银元，全部交给毛泽东。

几十年后，毛泽东仍多次回忆起此事。当时，章士钊的养女章含之又在辅导毛泽东学习英文。一次，毛泽东对章含之说道："行老哪里晓得他募捐来的这笔钱帮了共产党的大忙。当时一部分钱确实供一批同学去欧洲，另一部分我们回湖南用去造反闹革命了。"

正因如此，新中国成立后，毛泽东一直惦记着向章士钊"还债"。

有一次，章士钊被自行车撞伤，住进了北京医院。毛泽东得知消息后，送了他 500 元疗养费。后来，章士钊在餐桌上向毛泽东说起此事："你送我 500 元，我不敢受，我要还给你。"毛泽东大笑："行老，这点钱算什么，作还你钱的息金还远不够呢。"

1963 年初，毛泽东又要章含之转告她父亲："从今年春节开始，要还这笔欠了近五十年的债。一年还 2000 元。十年还完。"章含之回去告诉父亲。章士钊哈哈大笑说："确有其事，主席竟还记得！"

可令章氏父女都没想到的是，几天后，毛泽东真的派人送来第一个 2000 元，并说今后每年春节都送上 2000 元。章士钊十分不安，他要女儿转告主席不能收此厚赠，说当时的银元是募集来的，他自己也拿不出这笔巨款。

毛泽东听了章含之的传话后微笑着说："你也不懂，我这是用我的稿费给行老一点生活补助啊！他给我们共产党的帮助哪里是我能用人民币偿还的呢？我知道老人家一生无钱，又爱管闲事，散钱去帮助过许多人。他写给我的信多半是替别人解决问题。有的事政府解决不了，他自己掏腰包帮助了。我要是明说给他补助，他这位老先生的脾气我知道，是不会收的。所以我说还债。你就告诉他，我毛泽东说的，欠的账是无论如何要还的。这个钱是从我的稿酬中付的。"

自此，每年的大年初二，毛泽东必派人送给章士钊 2000 元钱，直到 1972 年送满 2 万元。1973 年的春节过后，毛泽东问章含之给他父亲的钱送去没有？章含之说："主席忘了，当年说定十年分期偿还，还足 2 万。去年已是最后一笔，主席当年借的 2 万已还清了。"毛泽东笑了："怪我没说清，这个钱是给老人家的补助，哪里能真的十年就停！你回去告诉行老，从今年开始还利息。就这样还下去，只要行老健在。"

除了赠款这份情谊，据说章士钊还救过毛泽东。当年毛泽东在北京秘密进行革命活动时，章士钊是段祺瑞政府的秘书长兼司法和教育总长。有一天，他拆开北京卫戍总司令部的密呈和逮捕人黑名单，发现有毛泽东的名字，立即把它压了下来，并派人到湖南会馆通知毛泽东撤离。毛泽东遂搭船前往广东，避开了段祺瑞的搜捕。

1945 年 8 月，毛泽东到重庆与蒋介石谈判时，正在重庆的章士钊很为毛泽东的安全担心。他利用一次宴会的机会，给毛写了一个"走"字，劝毛三十六计，走为上。

为和平解放奔波

大概正因为章士钊与毛泽东、与中国共产党的特殊关系，1949年国共和谈时，在几乎一水儿国民党人的南京代表团中，章士钊成为唯一的无党派人士。

章士钊的一生，可谓丰富斑斓。他早年是反清革命的运动家；后来留学海外，思想渐趋温和，秉持自由独立的理性态度，是寻求中国富强之路的先驱；以后他又参与反袁世凯的运动，讲学北大，是民主共和思想的斗士；他也曾是新文化运动时期的"保守派"，当过农业大学的校长，还是北洋段祺瑞执政府的高官；后来在上海当律师，曾为陈独秀当过辩护律师，名扬上海滩……

如此复杂的经历，使章士钊交友遍天下。他的朋友既有清末民初的革命党人，也有当时被认为保守的立宪派；既有北洋政府中的政要，也有南方地方实力派的要角；既有思想相对传统的旧派文人，也有提倡新文化、新思潮的人物，还与许多共产党人关系甚笃。正是这样广泛的社会关系，使章士钊在国共双方阵营中都具有相当的影响力。

国共和谈破裂，人民解放军百万雄师过大江！

共产党武力实现中国统一的历史潮流无可阻挡。章士钊劝和的努力已用尽，和平解放已不可能。他一生抱着以国家人民为重的情怀，坚持无党派的道路，坚持独立的思想品格，在这个历史节点上，他看到了共产党的勃勃生气，看到了国民党已积重难返，认定共产党将是中国未来的出路。由此，章士钊毅然决定留在北平，为新中国尽心效力。

是年6月，章士钊奉毛泽东、周恩来之请南下香港，说服湖南省政府主席程潜、湘籍将领陈明仁弃暗投明，促使湖南和平解放。

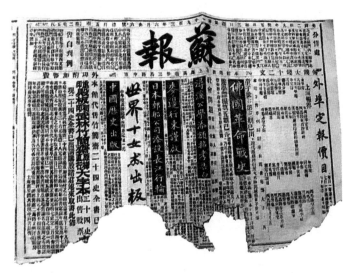

清光绪二十九年闰五月初二日（1903年6月26日）出版的《苏报》。这年5月27日，
章士钊刚刚接过《苏报》主笔之职，开始对《苏报》"大改良"，积极宣传革命思想。
不久，《苏报》介绍了邹容的《革命军》，刊发了章太炎的《驳康有为论革命书》，
在社会上产生重大影响。《苏报》因此而被清政府查封，史称"苏报案"

1949年10月1日，北京天安门广场，中华人民共和国开国大典隆重举行。
章士钊获邀参加。站在天安门城楼上，面对广场上呼啸的人群，章士钊除了
露出和煦的微笑之外，依然是那么平静恬然，似乎与平时没什么区别。但在
内心底，他知道这将是一个伟大时代的来临。

11月，章士钊全家从上海迁至北京。这一年，他68岁。

辨伪兰亭，指要柳文

章士钊的晚年时光基本上是在北京度过的。结束了前半生动荡奔波的生
涯，在和平年代的他显得清闲许多。他仍被委任以要职，如政协第二、三届全

国常务委员，全国人大第一、二届代表和第三届常务委员，政务院法制委员会委员、中央文史馆馆长等，但除了开会，也没有过于繁忙的事务。剩下的时光就留给他自由支配，或是交游，或是在家里写东西，或是听听戏，生活过得平淡而从容。

而在这平淡的晚年生活中，章士钊并未因此而平凡。

1965 年 5 月 22 日，郭沫若在《文物》杂志第六期上发表了《由王谢墓志的出土论到兰亭序真伪》一文，在书坛学术界引起了一场轩然风波。南京的高二适虽写下《〈兰亭〉的真伪驳议》的反驳文章，但鉴于郭沫若在当时学术界的崇高地位，高的批驳文章令各大报刊都不敢刊用。于是高又将文章寄给章士钊。

只有章士钊敢将高二适的文稿转呈毛泽东，并希望此文能够见报。

毛泽东对章士钊的意见向来重视，不但亲自作了批示，还把有关信函、文稿以及回复章士钊的信，一起送给郭沫若，并在给郭的信中写道："章行严先生一信、高二适先生一文均寄上，请研究酌处。我复章先生信亦先寄你一阅。笔墨官司，有比无好。未知尊意如何？"

于是，一场轰动全国的关于"兰亭真伪"的学术辩论也就开始了。要说起来，倒是和章士钊暗中助力有关。

就在同一年，章士钊的心学大作《柳文指要》基本完成。

章士钊自幼就喜欢柳宗元的文章，认为柳宗元为文简洁有法，十分推崇。他自己的文章也深受柳宗元影响，并又因此而影响到李大钊、高一涵、李剑农等人的文风，民国时有"甲寅"派之称（因当时他主持《甲寅》月刊）。

研读柳文几十年，章士钊深有心得，于是自 1960 年起，他开始撰写《柳文指要》，断断续续写了五年，这是他最后一部也是最重要的一部学术著作。

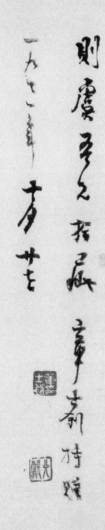

章士钊在《柳文指要》扉页上，写给著名文献学家吴则虞的赠语："则虞先生指疵，章士钊持赠，一九七一年十月廿七日。"此书的出版，曾得到毛泽东的大力支持

书成之后，他送给毛泽东审阅，毛泽东通读之后，亲自指示出版。

1971 年，《柳文指要》由中华书局出版。这在"文化大革命"时期，简直堪称奇迹！

海棠诗

堪称奇迹的还有章士钊在"文革"中躲过一劫。

1966 年 8 月 29 日夜里，史家胡同 51 号院迎来了不速之客。北京大学新北大红卫兵抄查了章士钊的住宅。次日清晨，章士钊写信给毛泽东，毛批示："送总理酌处，应当予以保护。"周恩来严厉批评了有关人员，责令当即送回所抄全部书籍，并派人保护章士钊住宅。

同一日，周恩来起草、毛泽东批准了一份特殊的保护高级干部的名单。名单中被点名保护者十三人，章士钊名列第三，仅次于宋庆龄与郭沫若。

相识相交五十载，毛泽东始终珍惜着与章士钊的那份情谊。他曾盛情邀请章士钊到丰泽园赏花。园内海棠盛开，章士钊脱口而出：

赤制由来出素王，汉家图箓凤开张。

微生也解当王色，粉粉朱朱壮海棠。

棠梨本色自婀娜，海外移根作一家。

莫怨东风多顾藉，却教异种出檐牙。

故苑春深花满畦，重来亭馆已凄迷！

残年不解胡旋舞，好下东郊入燕泥。

院子里正怒放的海棠花

七年曾住海棠溪，门外高花手自题，

高意北来看未已，分甘原属旧棠梨。

相望万里羽音沉，海曲羁人怨诽深，

几度低回旧词句，海棠开后到如今。

1973 年，92 岁高龄的章士钊病逝于香港，举国致哀。

章士钊（1881—1973）

字行严，笔名青桐、秋桐，湖南善化人。光绪二十七年（1901 年）入武昌两湖书院，与黄兴同学，共组华兴会，成为革命党元老，先后参办《苏报》《民吁日报》。光绪三十一年（1905 年）赴日本留学。同年 8 月，同盟会在日本东京成立，此时他的思想已逐渐变化，从明治维新中看到教育的重要，主张苦读救国，回拒了孙中山、黄兴的入盟邀请，后来亦未入其他政党。光绪三十三年（1907年）赴英国阿伯丁大学留学，学习法律、政治学，研究逻辑学，并向国内介绍西欧各派政治学说、逻辑学。辛亥革命后加入北洋政府，却反对独裁。新文化运动时期，坚持用文言写作，主张调和论。抗日战争时期，到重庆任国民参政会参政员。

1949年春被李宗仁邀为和谈代表，前往北京参与国共和谈。中华人民共和国成立后，章士钊定居北京，历任全国政协委员、政务院法制委员会委员、全国人大常委会委员、中央文史研究馆馆长等职。1973年7月1日病逝于香港，享年92岁。

章含之（1935—2008）

章士钊养女，曾担任毛泽东的英文教师，中国著名外交家。1960年随养父章士钊搬入51号院。曾任外交部亚洲司副司长。改革开放后，历任中国人民对外友好协会常务理事、国务院农村发展研究中心国际部主任、国务院发展研究中心国际部主任。

068 史家胡同 · 循迹 Exploring the Past of Shijia Hutong

识

史家胡同
撷远

莘莘学子走出史家胡同的那一刻，是他们人生的重大转折，更是整个中国国运的重大转折。史家胡同，缔造了今日的半个中国。

满洲科举
第一家的哀叹

八旗士族之冠

在史家胡同紧东头儿临近出口的位置，有一座高门大院分外扎眼。宽敞大气的广亮大门对面是照壁，门里是影壁。仔细看去，大门上方的门板上还雕着吉祥图案。走进大院，二道门不是寻常人家的垂花门，而是穿堂门；到了第三道门才是垂花门。俗话说"大门不出，二门不迈"，可这座宅子却是"大门不出，三门不迈"，前院生生多出一道门来，可见这院里得多敞亮，而与之相配的，是正房的高大。

这是史家胡同的5号院，如今早已是老百姓居住的大杂院。可这番派头，在帝制时代，绝非普通人所能居住。果然，这宅子的故主甚有来头——有"满洲科举第一家"称号的索绰络家族。

同大多数满人一样，索绰络氏的祖先早年也是征战沙场的战士。清军入

史家胡同5号院大门　　　　　　　　　　　　　　史家胡同5号院二进穿堂门

关时立有军功，从此世代划在内务府正白旗管辖。随着清朝形势逐渐稳定，中原地区刀枪入库，马放南山，当年纵横驰骋的索绰络家族也渐渐放下了大刀，拿起了毛笔。传到索绰络·德保，已对博大精深的汉文化倾心仰慕，于是这位饱读诗书的满人也学起了汉人，参加科举考试，一举在乾隆二年（1737年）考中进士。

此后德保执掌考务多年，后升为翰林院掌院学士，使索绰络氏从军功门第转而为书香世家。他还历任两广总督、漕运总督、闽浙总督、礼部尚书，是名副其实的大僚。从德保开始，索绰络家族四代皆有进士，包括德保儿子英和、孙子奎照和奎耀、曾孙锡祉，在满洲贵族极为少见，这也就难怪《清史稿》要称之为"八旗士族之冠"了。

然而，在索绰络家族四代进士当中，荣耀最极的当属德保之子英和。他23岁时考中乾隆五十八年（1793）癸丑科二甲进士（一甲即状元、榜眼和

史家胡同 5 号院三进垂花门　　　　史家胡同 5 号院三进正房

探花；二甲次一等，一般为 50 名以内；三甲再次一等）。英和历仕乾隆、嘉庆、道光三朝，从 1793 年入仕至 1840 年卒，官至军机大臣、户部尚书、协办大学士，加太子太保衔，为清朝中后期重臣。

大清重臣英和

　　英和自幼得到父亲德保的家学培养，"少有俊才"，5 岁即认字，9 岁能拉弓射箭，12 岁能写诗，在一众八旗子弟当中可谓鹤立鸡群。这引起了乾隆第一宠臣和珅的注目，他多次提出欲将女儿嫁给英和。而英和的父亲德保或许是出于远见，或许是鄙薄和珅的为人，竟然不愿与他攀亲家，婉言谢绝了和珅的提亲。和珅的奸险为人自不待言，为此，德保在朝堂没少受

史家胡同 5 号院，为清代大学士德保、英和父子两代翰林宅院。大门外有照壁，广亮大门的门楣上有五福临门图，内有影壁，二门又是一道有四颗门簪的穿堂大门，格局独特，三门为一殿一卷式垂花门，正房与东、西厢房都有游廊连接。该院为典型的清代高官宅院

到和珅的毁谤，但他都毅然坚持了下来。

乾隆帝驾崩后，嘉庆皇帝惩办了和珅一族，其时德保也去世多年。为褒奖德保不惧权贵的德行，嘉庆特赐谥号"文庄"。而英和也凭着自己的才干，加上嘉庆皇帝对其家族的好感，仕途一路高升。

英和平生最风光的日子，大概是 50 岁生日那天嘉庆皇帝给他庆寿。

嘉庆二十五年（1820 年）三月的一天，在一次召见中，嘉庆对英和的次子奎耀说："你父亲今年五十岁了，我记得是四月十四日。"

等到了四月初，英和觐见圣上，嘉庆又说："之前我问你儿子，知道你今年五十岁了。朕欲赐诗贺你，你到时准备迎接使臣吧。"

到了生日那一天，英和带着儿子两个人来到皇帝所在的香山静宜园宫门，

清晨史家胡同 5 号院门前的照壁被阳光映衬得眩光四射，威风凛凛，
可如今满身的"披挂"，再威武也丝毫没了当年的光彩

静候恩典。内务府官员遂颁出宸章、匾额、寿佛、玉器、绸缎等贺礼，还有
一队鼓乐奏乐，接着是宣读御题诗，英和父子叩头谢恩。得到皇帝赐寿，在
当时朝内的大臣中无人受过此等旷典。可见，当时的英和所受皇帝器重已极。

英和并没有辜负皇帝的厚望。四年后，他以自己的远见卓识，向世人证
明了"满洲科举第一家"绝非徒有虚名。

"漕粮海运"，成为史家胡同 5 号院颇为辉煌的一幕。

传统精英的挽歌

道光四年（1824年）冬天，洪泽湖决口，漕运河道受阻。协办大学士英和提出，要解决漕运危机，唯有"暂雇海运"，得到道光帝、琦善和江苏巡抚陶澍等人的支持，于道光六年（1826年）二月开始，先后雇用3000多艘商船陆续将江苏的漕粮全部海运，到九月漕粮全部转运入北京通州，完成了清朝历史上的首次漕粮海运。

什么是漕运，什么又是漕粮呢？原来，在中国古代，国家要利用河道，用货船把粮食调运到首都或其他指定地点，用以宫廷消费、百官俸禄、军饷支付和民食调剂；遇到水道不通的地方再改为陆运，多用车载。这就是漕运。漕运的粮食，当然也就叫漕粮了。

自唐宋起，随着中国经济重心和产粮中心的逐渐南移，用南方的粮食供给北方成为国家的重要战略。在交通尚不发达的古代，利用河道水运粮食无疑是一种相对省时省力的方法。因此，唐、宋、元、明、清历代均重视漕运。

但作为维系帝国统治的经济命脉，漕运有一个致命罩门——黄河和淮河的淤堵。当时黄河、淮河一带泛滥频繁，造成河道淤堵，疏通工程可谓举全国之力，征发既众，服役又长；且每个朝代到了后期，由于朝廷管理能力的减弱，漕运还成为滋养腐败的沃土，弊端丛生。

到了清代后期，漕运的困局再次出现。嘉庆八年（1803年），黄河的涨水淤塞了运河，使开往京师的运粮船运行不畅。有的官员就奏请皇帝，主张另辟新径发展漕粮海运。

漕粮海运在历史上比较少用，只有元代和明初实行过。在忽必烈时代，就下令开辟海运通道，漕粮船队从长江出海，然后往北至天津，再转陆路运达元大都。海运一旦开辟，极为便捷，十几天即可将南方的粮食运到北方。但海运也有它的缺点——航海技术限制和海盗滋扰。所以到了明代永乐时期，朝廷疏浚了河道之后，决然放弃了海运。

清代也一直实行河运。嘉庆八年的河道淤堵，使海运再次成为议案，但黄河大水很快消退了，海运一事就按下不提了。嘉庆一朝，数次出现漕粮海运提案，但都在进行辩论之后被放弃，其中持反对意见的官员始终认为不应该改变祖宗的成法。

然而，随着道光四年（1824年）洪泽湖决口，漕粮海运又被旧事重提。这年冬天，河运和海运的辩论竟达到了不可开交的地步。因为开往北京的运粮船队陷进了淤泥中，并且长期受阻于淮河流域的洪水地带，无法北上。倡议海运最积极的，正是出自"八旗士族之冠"的协办大学士、户部尚书英和。

四月初十日，英和上奏《筹漕运变通全局疏》，指出在当前形势下，海运是解决漕运危机的唯一办法。他主张雇佣商船运送漕粮，准许商船在运粮的同时携带货物。

十九世纪，西方主要国家早已确立了现代资本主义制度。这些国家早在民间贸易的发展刺激下，离开陆地，进军海洋，由商业而产业，先后完成了工业革命和制度革命。对于全世界的传统帝国而言，一个面对西方列强坚船利炮的时代已经来临。

而在古老的东方，宋元时期繁荣的民间海上贸易已经枯萎，明朝郑和的巨型舰队也已不再。人们满足于江山永固，拒绝海洋的汹涌莫测。在山雨欲来风满楼的时代，无数贵族与官僚仍然在闭关锁国的国策中，沉浸在天朝上国的美梦。

饱读诗书的英和是有远见的。漕粮海运，这是迈向海洋的勇气；雇用商船，这是重视民间商业力量的智慧。然而，拥有勇气和智慧的贵族与官僚毕竟凤毛麟角，大多数人仍然对漕粮海运坚决反对，依然是老一套说辞，认为海运有"风涛之险，盗贼之虞"。

只是这些"义愤填膺"的反对派，解决不了皇帝马上就要没饭吃的困境。第二年，火烧眉毛的道光皇帝下诏，令各省拿出具体方案来，只有江苏巡抚陶澍积极响应，赞成英和的海运方案。于是，皇帝派琦善下江苏督办相关事宜，并于二月和六月，先后两次海运漕粮，解决了京城缺粮的重大危机。

这是清朝开国200余年来，首次漕粮海运。

事实证明，英和的远见卓识相当正确。漕粮由河运改海运，成本大大降低。平时正常年份的漕粮河运，每运一石米，要消耗两至三石米；而海运还不到两石米。

而且，河运看似风平浪静，实际上险象环生。有的地方河道水位骤升，每艘船要动用上千人以人力拖曳；遇到涨水之时，甚至会发生漕船倾覆、上千人遇难的悲剧。而两次海运，共运漕粮一共一百六十万石，沿途才损失四艘沙船。

正如当时的思想家魏源所说："漕粮海运，利国，利民，利官，利商。"

然而，唯一不利的，是那些在漕粮河运中上下其手的官员们。

此后，海运被道光皇帝废止，漕粮又回到河运的老路。当大清帝国再度重开海上粮道时，已经是山河破碎、内忧外患的道光二十七年（1847年）了。

清朝放弃了重返海洋的最后机会。英和的努力，终于昙花一现。

道光八年（1828年）九月，历仕乾隆、嘉庆、道光三朝的太子太保、协办大学士英和，被皇帝下旨革职；长子兵部左侍郎奎照、次子通政使奎耀、长孙候补员外郎锡祉一并罢官。索府全部家产被抄没，英和流配黑龙江卜奎城（今齐齐哈尔）。58 岁的英和带着一家老小，踏上了前途未卜的苦寒之路。

这距离漕粮海运的成功不过四年。

英和主政以来，一向是提倡改革精神，希望尽自己之力革除一些朝廷积弊。对于天子出巡、狩猎、祭祖等重大典礼活动，他提倡尽量减少次数和缩减用度。

早在道光元年（1821 年）秋，德高望重的英和就开始主持道光皇帝的原配妻子——孝穆皇后的陵寝修建工程，并坚持裁省花费。道光七年（1827 年）九月，陵寝竣工；可第二年地宫就发生了浸水。道光皇帝大怒，罪责相关官员，英和首当其冲，险些掉了脑袋。

尽管英和在发配两年后，就被皇帝"赐还"京城，但他自此退出官场，老病居家，以赋诗田园聊慰晚景。

道光二十年（1840 年），英和病逝。同年，鸦片战争爆发。

传统知识分子，已经无力扭转这个传统帝国的颓势。

胡同走出
另一个中国

从宗学到留学

宣统元年（1909 年）8 月，京城暑气渐消，秋意微凉。在史家胡同东头，曾经象征着旧士人无上荣耀的翰林世家府邸，随着这个古老帝国的衰微，越发萧条。在大清王朝最后的一千多个日夜里，朝野上下已经不再抱着东方之学，高唱"祖宗之法不可变"的陈词滥调。从最高统治者到海内外有识之士，都把眼界放到了西方，放到了那个强大的新世界。

与东口的萧条景象不同，史家胡同的西口格外热闹。操着各种口音的年轻人，从全国各地赶来，在今天被称为 59 号院的大门里进进出出。

这座大院的名字，叫作"游美学务处"，一听便知是主管赴美留学事宜的机构；而在此之前，它叫作"左翼宗学"，宗学，当然是宗室的学校。

由宗学而留学，史家胡同的学风已经变了模样，中华大地的学风已经变

史家胡同 59 号院　　曾是史可法祠堂旧址，清雍正二年（1724 年）在此建起了左翼宗学，当时只招收八旗左翼的镶黄、正白、镶白、正蓝四旗子弟入学。 1905 年改为左翼八旗第五初等小学堂， 1910 年改为左翼八旗中学堂，1912 年又改为京师公立第二中学校，1936 年第二中学校迁移至史家胡同北侧的内务部街，史家胡同 59 号又建了史家胡同小学，后改为史家小学低年级部

了模样。

史家胡同的崇学之风由来已久，而胡同的西口向来是全国学风的一个缩影。今天的史家胡同西口，已经消失了一大片院落，盖起了与胡同风格迥异的西式楼阁。相传这消失的院落，原来叫"京华"，乃明代官学的遗称。59号院就坐落在"京华"的北面，据说就是大明督师史可法的祠堂。

清雍正二年（1724年），皇帝又下旨，在今天59号院的院落里，修建左翼宗学，作为皇族宗室的子弟学校。雍正皇帝将满族八旗分为两部分，镶黄、正白、镶白和正蓝四旗为左翼，旗下宗室在此读书；而正黄、正红、镶红、镶蓝四旗为右翼，另在紫禁城右的西单石虎胡同设立右翼宗学，供他们学习。

宗学有一套完整的制度，宗室子弟既要学满学，也要学汉学。雍正还规定：宗室18岁以下子弟，除自己愿意在家读书外，都准入宗学；19岁以上者，愿意读书者也可入学；并且，每个学生每月给银三两、米三斗和所有应用文具，夏天给冰块，冬天发炭火。

皇帝设立宗学，本意是将宗室子弟培养成国家的栋梁之才。然而，在西方世界发生巨变之时，东方世界的传统教育并不能为这个落后帝国找到前途和出路。相反，无知之徒的狂妄与有识之士的悲观，共同蚕食着这个古老帝国的最后生机。

曾在右翼宗学工作过的曹雪芹，以"满纸荒唐言"的《红楼梦》，预示了清王朝"忽喇喇似大厦倾"的结局。

今天的史家胡同西口，已经消失了一大片院落，盖起了与胡同风格迥异的西式楼阁。
相传这消失的院落，原来叫"京华"，乃明代官学的遗称

从庚子赔款到庚款兴学

光绪二十六年（1900 年），农历庚子年，八国联军侵华战争爆发，清廷以空前的惨烈终于明白了"法不变，国必亡"的道理。次年，清政府被迫与英、俄、美、法、日、德、意、奥匈、西班牙、比利时、荷兰、挪威、瑞典、葡萄牙等 14 国代表，在北京签订了极其丧权辱国的《辛丑条约》。条约规定，清政府向诸国赔款 4.5 亿两白银，赔款年息为四厘，分 39 年还清，本息共计 9.8 亿两。这就是历史上著名的"庚子赔款"。

庚子赔款将濒临崩溃的中国经济又向深渊推了一步。然而在 1905 年，一个转机突然在美国出现。依据《辛丑条约》，在 4.5 亿两赔款中，美国分得近 3300 万两，合美金近 2500 万元，年息 4 厘。但其后美国政府调查发现，这个索赔额度虚高，认为"除确实费用及一切损失赔偿 1165 万美元，所余 1200 余万元其实是多余的赔款"。

驻美公使的梁诚闻讯后，立即向美方提出降低赔款数额的要求，并多次向美国国务卿海约翰交涉，提出："各国若将赔款核减，于我财政殊有补益，贵国如能倡首，义声所播，兴起闻风矣。"海约翰则回答："贵大臣所言确有至理，自当极力代谋。"对梁诚表示支持。几经周折，直到 1908 年 12 月 28 日，美国总统西奥多·罗斯福终于发布命令，决定自 1909 年 1 月 1 日起，按年将多余庚款退还中国，款数共计 1196 万美元。

多余的钱终于回来了。可是这钱该怎么用呢？

早在美国正式宣布退款之前，清廷之内对于退款的用途就有过一番争论。操握实权的袁世凯主张用于实业，袁世凯的谋士徐世昌则主张开发东北。

与这些军人背景的官僚全然不同，外务部右侍郎梁敦彦力排众议，极力

梁敦彦，字崧生，广东顺德人。1873年，梁敦彦成为清政府首批留美幼童之一（被挑选出来的30名少年，除梁敦彦，还有后来全国知名的詹天佑、唐绍仪、周寿臣等）

主张用退款兴学办教育。与之前那位驻美公使梁诚一样，梁敦彦早年也曾留学美国。不同的是，梁诚是第四批留学生，而梁敦彦是首批，算是第一批中国公派的留学生。

在梁敦彦的据理力争和梁诚的斡旋下，并经与美国协商，清政府最终决定，将庚子退款全部用于教育。其中一部分用于派遣留美学生，另一部分则开办了"留美预备学堂"——这就是清华大学的前身。

由此，才有了宣统元年（1909年）史家胡同西口热闹的一幕。

而梁敦彦与史家胡同也颇有渊源。民国建立后，梁敦彦出任北洋政府的交通总长，他的二公子就住在史家胡同的44号院——距离59号院并不太远。44号院边上还有个索家大院，乃旗人世家，祖上做过蒙古库伦大臣，同王公大臣商界巨子多有交情。索梁二人是义兄弟，大门都共用一个。后来旗人败落，到1940年代，索家把院落悉数变卖。

史家胡同 44 号院

  这是后话了。此时梁敦彦的儿子恐怕还没有搬进史家胡同，但是梁敦彦一心操办的庚款兴学计划，终于落户左翼宗学。

  1909 年 6 月，清政府在北京成立游美学务处，由外务部和学部共同管辖，负责选派游美留学生，地点就设在史家胡同。8 月，游美学务处举办了第一次赴美留学青年的选拔考试，来自全国各地的 603 人抱着远大的理想抱负，参加了这次史无前例的考试。

  这次考试的报考条件极为严格，考生首先要"身体强健，性情纯正，相貌完全，身家清白"，然后才有资格参加两轮考试。

  在接下来的初试里，有 68 人通过国文、英文、中国历史、地理等科目的层层考验，进入复试。复试考物理、化学、博物、代数、几何、三角、外国古代史、外国近世史、外国地理等科。连初试带复试，一共考了七八天，最后仅仅录取赴美留学青年 47 人。录取比例 13∶1。在这次考试中，后来的清

1909 年，清朝第一批庚款留美学生合影

华大学校长梅贻琦名列第六，我国现代物理奠基者胡刚复名列十三，而著名化工学家徐佩璜排名第二十五。

第二年 7 月，游美学务处又举行第二次考试。这次所考的科目有：中文论说、英文论说（作文翻译）、历史（普通历史，曾学过希腊、罗马、英国、美国专史者更佳）、地理（普通地理学）、算学（英文代数、平面几何、平面三角，曾学过高等代数、立体几何、解析几何者更佳）、格致（中等理化学、动植物学、生理学）、德文或法文（二者之中须有一门能作文翻译，学过拉丁文者更佳）。而且规定上述科目除中文论说和德文或法文外，一律采用英文考试，足见考试难度之大。考试结果，400 名应试青年中有 70 名考中。

这次考试的"状元"是上海南洋中学的杨锡仁，平均成绩 79.207 分；后来成为著名语言学家和作曲家的赵元任以 73.4 分屈居第二；竺可桢考了 63.8 分名列第 28，胡适考了 59.075 分，在第 55 名。

梅贻琦，著名教育家。
字月涵，祖籍江苏武进

对于这次考试，多年后胡适仍记忆犹新：

留美考试分两场，第一场考国文、英文，及格者才许考第二场的各种科学。国文试题为"不以规矩不能成方圆说"，我想这个题目不容易发挥，又因我平日喜欢看杂书，就做了一篇乱谈考据的短文，……不料那时看卷子的先生也有考据癖，大赏识这篇短文，批了100分。英文考了60分，头场平均80分，取了第10名。第二场考的各种科学如西洋史，如动物学，如物理学，都是我临时抱佛脚预备起来的，所以考得很不得意。幸亏头场的分数占了大便宜所以第二场我还考了个第55名。

1911年6月，就在清王朝临近崩溃的前夕，第三次赴美留学考试改在清华学堂开考。第三次考试录取了黄因栋、章元善等63名赴美留学生。至此，通过考试派往美国的留学生已达180名。而清华学堂也在民国成立后，改为

胡适，著名思想家、文学家、史学家、诗人。原名嗣穈，学名洪骍，字希疆，后改名胡适，字适之。安徽绩溪人。1910年成为第二批赴美学习的庚款留学生

清华学校，到1928年正式更为国立清华大学。

梁敦彦（1857—1924）

　　字崧生，广东顺德人。15岁成为清朝第一批留美幼童。祖父梁振邦曾在香港西环行医，父梁文瑞在南洋做过生意。由于家庭的影响，梁敦彦少时就会英语，后考入香港中央书院就读。1881年回国，先后在福建船政学堂、天津"北洋电报"学堂任教习。历任清廷汉阳海关道、天津海关道、外务部右侍郎、外务部会办大臣兼尚书、会办税务大臣、弼德院顾问大臣等职。后任北洋政府交通总长。1917年参与张勋发动的丁巳复辟，任"外务部尚书""议政大臣"。失败后匿居东交民巷。1924年卒于天津。

胡同走出了半个中国

在史家胡同举行的两次考试，改变了很多人的命运。以至于当时放榜的情形，许多人在多年后仍然无法忘怀。

首批考生徐佩璜后来就回忆说：

我记得我在看榜的时候，看见一位不慌不忙、不喜不忧的也在那里看榜，我当时看他那种从容不迫的态度，觉察不出他是否已考取。后来在船上碰见了，经彼此介绍，原来就是现在的梅先生。梅先生不喜说话，但谈话时却和蔼可亲，人称之为"Gentleman of few words"。

徐佩璜所说的这位"梅先生"，就是日后大名鼎鼎的梅贻琦。成败不言于表，喜怒不形于色，这位张伯苓的高足在当时就已展现出几分大家风范。

相比之下，第二年来京赴考的胡适，在放榜当日则忐忑得可爱。胡适回忆说：

那一天，有人来说，发榜了。我坐了人力车去看榜，到史家胡同时，天已黑了。我拿了车上的灯，从榜尾倒看上去（因为我自信我考的很不好），看完了一张榜，没有我的名字，我很失望。看过头上，才知道那一张是"备取"的榜。我再拿灯照读那"正取"的榜，仍是倒读上去。看到我的名字了！仔细一看，却是"胡达"，不是"胡适"。我再看上去，相隔很近，便是我的姓名了。我抽了一口气，放下灯，仍坐原车回去了，心里却想着，"那个胡达不知是谁，几乎害我空高兴一场！"

在发榜的那一刻，梅贻琦当然不会想到，"游美学务处"后来成为中国首屈一指的高等学府——清华大学。他更不会想到，当他学成归来后，将出任这座学府的校长。而他那"所谓大学者，非谓有大楼之谓也，有大师之谓也"的宏论，直至今日，仍为世人所叹服。

而"几乎空高兴一场"的胡适也不会想到，他后来继承蔡元培先生衣钵，担任北京大学的校长。他更不会想到，他日后与陈独秀、李大钊、鲁迅等人发起的新文化运动，成为中国历史上最深刻的一场启蒙运动，影响了几代中国人。

梅贻琦与胡适，他们不过是庚款兴学的一个缩影。从史家胡同 59 号院走出去的这些年轻人，归来后有许多成为了大师泰斗：

清华校长、著名教育家，梅贻琦

北大校长，著名思想家、文学家、史学家，胡适

我国现代物理奠基者，胡刚复

我国现代化学奠基者，张子高

我国现代地理学和气象学的奠基者，竺可桢

我国现代语言学之父、现代音乐学先驱，赵元任

著名化工学家，徐佩璜

著名数学家，胡明复（就是那位"胡达"）

著名建筑学家，庄俊

著名地质学家，何杰

……

这些莘莘学子走出史家胡同的那一刻，是他们人生的重大转折，更是整个中国国运的重大转折。从那一刻起，他们将为未来的中国在文化、科学等多个领域带来极其深远的影响，为中国社会的发展进步做出巨大贡献。

从这个意义上说，史家胡同缔造了今日的半个中国。

梅贻琦（1889—1962）

著名教育家。字月涵，祖籍江苏武进，祖先由江南迁居北京，后落籍天津。第一批庚款留美学生，1914年，由美国伍斯特理工学院学成归国。1931—1948年，任清华大学校长。1955年，在台湾新竹创建台湾清华大学并任校长。梅贻琦出任清华校长期间，奠定了清华的校格，为清华大学做出了不可泯灭的贡献。期间，对师资人才进行严格遴选和延聘，推行一种集体领导的制度。他与叶企孙、潘光旦、陈寅恪一起被列为清华百年历史上四大哲人。

胡适（1891—1962）

著名思想家、文学家、史学家、诗人。原名嗣穈，学名洪骍，字希疆，后改名胡适，字适之。安徽绩溪人。1910年成为第二批赴美学习的庚款留学生。1917年回国，受聘为北京大学教授。1918年加入《新青年》编辑部，大力提倡白话文，宣传个性解放、思想自由，与陈独秀、李大钊、鲁迅等同为新文化运动的领袖人物。此后，曾任中华民国驻美大使、北京大学校长。新中国成立前夕离开大陆，1962年在台北病逝。

一切为了明天

从明代官学到左翼宗学，再到游美学务处，史家胡同西口学风日盛。

1912年清王朝覆灭，左翼宗学彻底结束了它皇室学校的使命，然而其教书育人的功能还在继续。这里更名为京师公立第二中学校，后又改名为北平市立第二中学、北京市立第二中学。直到1936年，中学迁到史家胡同北边相邻的内务部街的原段祺瑞政府内务部公署所在地。现在的北京二中是闻名全国的中学。

而那片空余出来的旧址闲置了几年，在1939年重新敞开大门，成为史家

内务部街15号原北洋政府内务部旧址，今为北京第二中学

史家小学第二任校长赵香蘅，她与首任校长
段乃吾是夫妻。1954年，段乃吾升迁北京
教育局，太太赵香蘅接任校长。两位校长任
职期间为新中国的教育事业呕心沥血，无私
奉献。他们一生没要孩子，可为了孩子们却
付出了自己的全部

1939年第二中学校迁移至史家胡同北侧的内务部街，史家胡同59号又建了史家胡同小学，后改为史家小学低年级部。
如今它已成为北京市最著名的小学之一

小学。小学刚建校时，北京还处于日据时期，即使如此，教育家们仍然坚持不放弃给孩子们传授知识，这种精神与那些南下到国统区延续中华传统文化香火的行为同样值得尊敬。

新中国成立后，由于史家胡同聚集了一批政界、文化界要人，同处在这条胡同内的史家小学也成为人们眼中的明星。1959年，在人民大会堂召开的"群英会"上，时任北京市委书记的彭真还亲自为史家小学颁发"红旗学校"锦旗，可谓那个时代根正苗红的典型。

如今，史家小学已经实现一校多址。处在史家胡同的为旧校址，是低年级部；新校址迁到史家胡同东北方向不远的南弓匠营胡同，是高年级部。

学者如林的
8 号院

胡绳：与领袖一起读书

今天的史家胡同 8 号院原本是一座四进大院。1960 年代后，为了分配住房，才将其分成了几个小院，靠史家胡同开门的这个院子就成了现在的 8 号院。这座四进的院子曾接纳了很多政府要员、著名学者，如党的理论家、《红旗》杂志的副主编胡绳，经济学家于光远，还有出版家王子野。

曾担任过中国社会科学院院长的胡绳是在 1950 年代末搬进这个院子的。作为中国共产党著名的理论家，胡绳的一生与毛泽东有着密切的联系。他主持过《毛泽东选集》小组的工作，还担任过人民出版社社长和中宣部的秘书长，长期处在理论工作的第一线，可谓毛泽东思想方面的权威。

1959 年，胡绳还参加了一个很特别的活动——与领袖毛泽东一起读书。

1958 年，全国进入"大跃进"，但一年后，国民经济的综合平衡受到破坏，

史家胡同 8 号院

劳动群众的积极性也受到打击。中央很快察觉出弊端，开始纠正工作中出现的过于冒进的思潮。作为表率，从 1959 年 12 月 10 日到 1960 年 2 月 9 日，毛泽东组织了一个五人读书小组，逐章逐节、边读边议地学习苏联《政治经济学教科书》。这本书当时被看作是苏联社会主义经济建设经验的总结。中央各部委领导也纷纷组织了读书小组。刘少奇、周恩来也先后组织了自己的读书小组。

除了领袖，这个读书小组还有 5 人，包括陈伯达、胡绳、邓力群和田家英。陈伯达和田家英当时是主席的秘书，胡绳当时是中央政治研究室副主任、《红旗》杂志副主编，邓力群当时是《红旗》杂志常务编委。可以说，他们都是当时党内的理论专家。这个小组根据主席的行程，先后辗转杭州、上海和广州，历时两个月。

读书一般都是从下午 4 点钟读到 8 点多钟，8 点半吃饭。吃饭大都在游泳

1958 年 6 月 1 日出版的《红旗》杂志创刊号

池，主席准备了简单的晚饭，和大家一起吃。

小组采取"逐章逐节加以讨论"的办法，每天读十几页，大家边读边议。由一个人读原书，一般由田家英读，有时也由胡绳读。读一段，大家就议论一下，主要是毛主席发议论，但是他要求大家都要讲讲话。整个讨论的过程，由一个人在旁边记录下来。

当时正值"大跃进"遇到挫折，主席深感对社会主义的经济和社会主义发展规律认识不足。于是想从苏联方面学习一些经验，毕竟当时建设社会主义收到一定成绩的只有苏联一个国家。但对于书中提到的经验，读书小组还是采取了分析研究的态度，不是一味地对苏联经验的迷信，而是联系中国的实际情况来读书。

1962 年，全国终于走出经济最困难的时期，而这次全党上下进行的读书会也起到了一定的理论补习的作用。他们敢于承担责任，挑战苦难，打破迷信，为了寻找中国的富强之路，苦苦求索的精神，永远是可贵的。

于光远：理工科出身的经济学人

如果把胡同比作河流的话，史家胡同就像一条干流，东、西罗圈胡同则是两条支流，呈南北走向，连接着史家胡同和南边的干面胡同。史家胡同8号就在东罗圈胡同里。据说，在新中国成立前，这个8号院是北京同仁堂的老板为他的姨太太盖的，是个四进的大院子。新中国成立后，第一机械工业部部长黄敬住了进来。1958年，黄敬去世，留下一进院子给他家属居住，剩下的院子就陆续搬进了很多人，如胡绳、于光远。于光远是在"文革"期间搬到那里的，就住在最北的那个院子，大门朝着史家胡同打开，这一住就是整个后半辈子。

于光远1915年出生于上海，1936年毕业于清华大学物理系。1937年初抗日战争前，加入中国共产党，1939年前往延安，从此长期从事经济理论研究工作，后来成为新中国第一代经济学家。1950年代末，他参与组织有关商品生产、价值规律、社会主义再生产、经济效果、经济发展速度与比例等重要经济理论的讨论，提出必须重视经济效益。但在全国弥漫着极左思潮的当时，务实抓经济往往被认为是犯了"右倾"的错误，导致后来于光远在"文革"时期也被下放劳动改造了。

1978年，复出工作后的于光远参加了国务院主办的务虚会。会议上，于光远做的报告对国家领导人产生了很大影响，很多经济体制改革的问题与方

史家胡同 8 号院屏门　　屏门是为了保证内宅的隐蔽性，在大门或垂花门内一侧的两根柱间安装的一道门，多为四扇木质门。人们进出大门或二门时，不通过屏门，而是走屏门两侧的侧门或通过垂花门两侧的抄手游廊到达内院和各个房间。家族中有重大仪式，如婚、丧、嫁、娶时，才可将屏门打开，其余时间屏门都是关闭的

向，都在这次报告中提了出来。于光远也因此成为中国改革开放的重要参与者。之后的十几年里，中国学界涌现了一批与于光远相似的"改革策士"，许多改变中国经济未来的政策，正是受其影响而提出来的。

王子野：自学成才的红色出版家

王子野搬进史家胡同 8 号是在 1975 年夏天，当时他结束了五七干校的下放学习，终于回到了北京。

1984 年出版的
《槐下居丛稿》

王子野，编辑家、出版家，1916 年生于安徽绩溪，原名程扶铎（程敷铎），1938 年后改用今名。1930 年在上海亚东图书馆当练习生，也就是学徒。1938 年，他怀抱红色理想投奔延安，入陕北公学高级研习班，并加入中国共产党。后来，他长期担任王稼祥的秘书，并兼任中共中央书记处图书资料室副主任，中央军委编译局翻译处处长、编译局秘书长。1946 年担任《晋察冀日报》编委兼编辑部长，此后担任中共中央华北局宣传部出版科长、出版委员会委员。1950 年至 1966 年在人民出版社工作，曾任社长兼总编辑。

列举了这么多头衔，可以发现王子野一直以来干的都是文化出版行业，但他当过学徒，进过陕北研习班，就是没有读过一所正规的大学。这在民国时代，与那些要么是在国内著名大学毕业，要么有出国留学经历的知识分子相比，简直是另类得有些寒酸了。但他靠的是自学和在社会大学的学习，成就了能阅读并翻译英、俄、德、法四门语言的能力，而且还广泛涉猎文、史、哲等领域的专题内容，其中付出的努力与艰辛，可想而知。自延安时期开始，王子野就先后出版了《西洋哲学史简编》（译自俄文版）、《思想起源论》（译自法文版）、《财产及其起源》、《宗教和资本》、《唯心史观和唯物史观》等译著。他在 1983 年出版的著作《槐下居丛稿》一书的前言中，这样写道："长期以来我主要从事编辑出版工作，没有什么专业。就是业余爱好也不专一，除了攻外语搞翻译之外，哲学、美学、文学和艺术都沾点边。有人称我是杂家，我愧不敢当。"

1975 年他复出工作以后，历任国务院政治研究室理论组组长，国家出版局副局长、党组副书记，国家出版委员会主任委员，兼国务院古籍整理出版规划小组副组长。他毕生一直致力在我国现代出版事业当中，既取得了重要的成绩和贡献，也赢得很高的声誉。新中国成立后，他搬过数次家，最后一次就是 1975 年搬进史家胡同。当时，与他比邻而居的老友、诗人臧克家送给他一首诗，其中他最喜欢的一句是："立命有别处，不在房栋间。"正道出了他一生的志趣。

睁开眼睛
看世界

公使馆入驻胡同

1909 年，中国人从史家胡同走向世界，从史家胡同睁眼看世界；而不久以后，外国人也从史家胡同熟悉中国，在史家胡同与中国人打起了交道。其中最著名者，乃是用作外国公使馆的 41 号院和 55 号院。

走在史家胡同里，临街能看到一栋红色老居民楼，20 世纪 50 年代标准制式，旁边就是红墙花园酒店。乍看上去，这座院落并没什么不同；可要是有机会进去看看，就会被它的气派惊到：高大的筒瓦建筑，宽敞大气的院落，极为精美的戗檐砖雕。据说在 1959 年的航拍图上，它的工字厅赫然醒目。这与众不同的规制和结构，昭示着宅院旧主不同一般的身份。

据资料记载，这座 41 号曾是清末内阁司法大臣、爱新觉罗宗室绍昌的府邸。不过没过多久，清王朝覆灭，一代维新名臣绍昌也抱憾而终。

史家胡同 41 号　红墙史家花园酒店

　　民国伊始，与丹麦建交。由于当时外国使馆区所在的东交民巷已无地界，于是丹麦将公使馆设在东交民巷北面不远、处于洋人活动圈内的史家胡同 41 号院，拥有"院落十二处，计房一百余间"。至今，坊间仍流传着使馆的老照片。照片里，使馆大厅的墙壁上悬挂着丹麦国王克里斯钦十世和王后亚历山大琳娜的画像，厅内设有一屏风，屏风前是一尊喜笑颜开的弥勒佛守护着大门。厅内布置着宫灯、坐榻等极具中式风格的物件，但是其摆设方法与位置又与中国人的习惯不同，体现出明显的中西文化差异。

　　据说这座高大厅堂是宅邸东花园的五间花厅，后为武警部队用为营房。

史家胡同 41 号院　红楼

东花园后来平为操场，再后来成为红墙花园酒店。估计花园酒店之名，正由此来。

　　使馆建立以后，丹麦派遣阿列斐公爵出任第一任驻华"特命全权公使"。说起来，这位公爵是丹麦贵族，与绍昌的身份倒是旗鼓相当。1908 年 7 月，阿列斐公爵携妻子和两个孩子来到北京，还曾进过紫禁城觐见光绪皇帝。在后来写给丹麦外交部的报告中，阿列斐说光绪皇帝身体非常虚弱，神智也有些不清。几周之后，光绪皇帝就驾崩了。阿列斐成为光绪皇帝生前接见的最后几位外国使节之一。

1912—1920 年丹麦公使馆设立在史家胡同路北原绍昌宅，即现在的史家胡同 41 号

1912 年，丹麦外交官阿列斐伯爵在北京建立了丹麦公使馆，使中国成为当时唯一拥有丹麦使馆的亚洲国家。
说起丹麦公使馆，不得不说起阿列斐夫人和民国初年的北京育婴堂。据 1938 年出版的《北京市志稿》说，北京育婴堂于民国六年（1917 年）由商会陈际春先生创立于崇文门外南岗子，后移于地安门外东不压桥。又据当时甘博的《北京社会调查》报告表明，1918 年这家育婴堂护理的婴孩具有极高的死亡率，甚至谣传这一年期间 196 个婴儿中有 195 个夭折。警察厅向丹麦驻华公使的夫人——阿列斐伯爵夫人求助，并允诺授予其全权管理这家机构。她与许多居住在北京的外籍女士开始从事这项工作，并与中国人组成的董事会合作，逐步改造环境直到房屋清洁，门窗全部遮蔽，蚊蝇驱除在外；受过西医训练的中国医生照管孩子们，五名接受过专业训练的护士指导 39 名保姆对婴孩的护理。
育婴堂的故事尽管距今将近百年，但钩沉历史，阿列斐夫人身为丹麦贵族，却热心慈善事业，关怀爱护中国儿童，慈悲为本，襄助善行，实为可敬，中国人民不会、也不应该忘记她。

阿列斐一家在史家胡同一直居住到 1920 年，大多数时候都过得安静祥和。不过，偶尔也有几天，会被闹得鸡飞狗跳。比如 1915 年 4 月 5 日凌晨两点多，丹国使馆内就发生一起离奇开枪案。

据使馆护院人周兴五说，他当时正在院内巡视，突然发现房上似有人影，随即开了一枪，以为震慑，并称在西小院内捡拾到"蜈蚣梯"一具，但没有丢什么东西。虽然是虚惊一场，但阿列斐顿感这公使馆不是什么安全住处，急忙跑去警署，希望中国警察夜间能够来公使馆，帮着一起看家护院。

洋人再洋，来了中国，有事也还是要求助于中国的警察叔叔。

不过警署并没有答应，只是说夜间会加紧巡逻，这事暂时平息了。

可是不久，5 月 29 日，公使夫人委托她的朋友莱义来到警署报案，"报称公使馆屡次丢失什物，仆役吉顺等实有勾串偷盗情事"，要求警署立即派员传讯。警署立即出警公使馆，几经调查，虽起获赃物，怎奈证据不足。最后，吉顺被警察厅司法处判送教养局，以示惩戒，其余 7 人保释。

除了 41 号院的丹麦公使馆，55 号院也曾在 1919 年设立了挪威公使馆，这里在抗美援朝时还作过朝鲜大使馆，如今是外交部的房产。

史家胡同
循远
Shijia Hutong
of Natural History

灵

一条胡同滋养了千百种离情别
绪，而看到那每每鲜活的一瞬间足以
令人铭记一生。

大家
闺秀凌叔华

喜欢打枣的大小姐

史家胡同 24 号院，一个小女孩正坐在后院的假山石上，欣赏周围的景致。太阳地里，她摇晃着小脚丫，一脸的天真烂漫，眺望着远处。那里，紫禁城宫殿辉煌庄严的琉璃瓦，在阳光下熠熠生辉。黄色的屋顶好像用金子铺成，绿色的屋顶恰似美丽的翡翠，蓝色的屋顶变成了苍穹，橙红色的城墙宛如一缕丝带，把它们美妙地缀结在一起。

小女孩名叫凌叔华，1900 年 3 月 25 日，出生在史家胡同的凌家大宅。大宅的主人，正是当时清廷推行新政的得力干将凌福彭。

凌府在紫禁城的东边，是一个五进的大院，一座接一座向北延伸，横贯两条胡同，南面大门开在干面胡同，北面后门连着史家胡同。大院里每一进院都有一个极大的庭院，种着枣树、松树、柿子树，还有假山和各色花卉藤萝。

凌叔华出身于一个旧式文人的大家庭。父亲凌福彭在清朝官至直隶布政使。凌叔华小时候曾跟着宫廷画师缪素筠、郝漱玉学画。1921 年，凌叔华考入燕京大学，先学习自然科学，后学习英语、日语。1926 年与陈西滢结婚，1946 年随夫定居伦敦

庭院四周是宽敞的屋子，旁边是雕梁画栋的走廊。南面大门头一个大院是父亲凌福彭待客和办公的地方，陈设属于典型的文官风格，简朴而富有书卷气。二三进院是妻妾子女住的院子，凌叔华是四姨太的女儿。四姨太有四个女儿，凌叔华排行老三。第四院是父亲的寝室和堆满书籍的书房。

最后面是一个大园子，有树木、葡萄藤、花圃、竹林，还有假山，孩子们在这里玩耍、捉虫子、摘果子吃。四进主院旁边还有跨院，凌家的工作人员都住在那里，如管家、门房、仆人、裁缝等。

据凌叔华的回忆，这院子"说不清到底有多少个套院，多少间住房，独自溜出院子的小孩儿经常迷路"。

胡同生活是充满惬意的。那时候，园丁老周会带她去隆福寺赶庙会。他们去每个货摊上，摊主们都乐于招呼老周，还专门给他留着沤花肥用的下脚料。

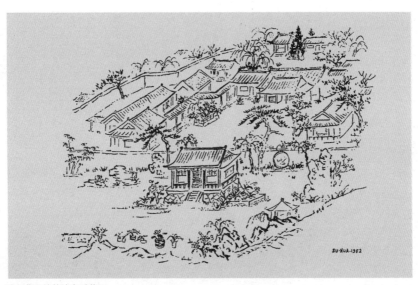

凌叔华手绘的凌家后花园

老周会买各种不同的下脚料，兰花的肥料用马掌儿，牡丹、竹子的肥料用猪、牛、羊的杂碎，烂豆子、烂花生可以做菊花的肥料，鸡骨头、鸡杂碎可以让月季花长得更好。等他们买完这些肥料，天已经快黑了。凌叔华常来花房帮忙，舀起肥水，不同的肥水浇不同的花草，阳光透过纸窗照进来，充满生机。

这段日子，可能是凌叔华一生中，最为无忧无虑的时光。在她的自传体小说《古韵》里，她曾回忆道：

房子两侧都是窗户，一侧窗前是一大架开满了花的紫藤，微风吹过，香味扑鼻，就好像把花吃到了嘴里。另一侧窗前是紫丁香，白色和淡紫色的丁香花在阳光下显得格外迷人，香气时苦时甜，令人心醉。

每个套院都有一个小门与院子左侧一条狭窄的小路相连，通向后花园。

史家胡同 24 号凌家全景

史家胡同 24 号　凌家大院一角

这条小路还通厨房和佣人的房间。午饭后，大人们打盹养神的时候，孩子们便常到花园来玩。我们喜欢花园胜过任何别的地方，在那里，我们感到舒心惬意，从不觉着孤单烦闷。后花园有很多空心老树，正好玩捉迷藏。我们用长竹竿打枣时，红嫩的枣子雨一样落下来，落在头上，脸上，使人很开心。最好玩的是枣正掉进嘴里。我们要是看到枣掉进谁嘴里，就会笑个没完没了。后花园还有一大架葡萄，嫩绿色和紫色的葡萄宛若仙女们的眼睛。抬头望去，令人心醉。甚至许多年后，当我想起那可口的酸味，都直流口水。假山石下有许多小生灵——蚱蜢、蛐蛐、甲虫，还有许多古里古怪叫不上名字的小昆虫。把手伸进石洞，总能逮住一些奇怪的小虫。这时我总想像自己是在无垠的大海里搜寻。我们每天都去花园，每次都有新花样。

史家胡同 24 号　凌家大院枣树

名家汇聚凌府

凌叔华 7 岁的时候，父亲为了鼓励她学画，答应她长大后，把自己外公的绘画精品收藏送给她。一开始教她学画的叫王竹林。此人是一个商人，也是一个有名气的画家，后来晚节不保，在抗日战争时期参加了日伪组织，被人刺杀了。

王竹林教小凌叔华如何调色，如何运笔和点染石头树木，如何赏画。她的画桌上添置了越来越多的画具：各式画笔、精巧的盒子、墨、砚台，还有宣纸。父亲对凌叔华学画特别看重，时常带她去收藏家那里看画，有画家来了也会叫她出来作陪。

后来，王竹林离开北京时，他建议凌福彭去请教过慈禧的宫廷女画师缪素筠来教凌叔华。缪素筠是清末有名的宫廷女画家，善花鸟画，现在流传下来的许多慈禧御笔的画作都是她代画的。不过，当时缪的年事已高，凌福彭担心她是否还愿意教这么一个小姑娘。王对他说，她是不是真的教凌叔华并不重要，只要看她如何作画，留心她日常生活的一切，言谈、举止、艺术趣味，也会帮助凌叔华有所进益。结果，缪素筠很高兴就收了这个女弟子。凌叔华也没有辜负名师的培养，后来也成为颇有建树的画家。

王竹林与缪素筠，这只是凌叔华身边文人墨客大家名家的开始。由于父亲凌福彭的缘故，凌叔华从小就得以经常见到名家名作，比如她曾记过一次在家里举办的画会：

《九秋图》是在我家邀请的一个画会写的，那天是我同南革夫人作东道；虽然过去十几年了，这些画家有几个是墓木可以作柱了，但是我几时看到那天作的画，我会亲切地记起那几个可爱可敬的老画家，我很珍惜这个回忆，也很值得我记下来吧。

是一个冬天的假日，金橙色太阳殷勤地晒着画室的纸窗槅上，一片淡墨枯枝影子投在北平特有的银粉墙纸上，似乎是一幅李成的寒林图画在一张唐笺上一般幽雅。北窗玻璃擦得清澈如水，窗下一张大楠木书桌也擦得光洁如镜，墙角花架上摆了几盆初开的水仙，一盆朱砂梅，一盆玉兰，室中间炉火暖烘烘的烘出花香，烘着茶香，也烘托出两个年青主人等候艺术家的温厚心情。

这一天来的画家有陈师曾、陈半丁、姚茫父、王梦白、萧屋泉、齐白石、金拱北、周养庵，另外有一个美国女画家穆玛丽，她是卫色拉大师的弟子，油画、粉画、炭画都作，工夫很深，鉴赏东方艺术也很有点眼光，对东方画家很谦虚，她是我相识的画友。

当我同南革夫人忙着收拾画具的时候，齐白石忽然匆匆走了进来，操着

史家胡同 24 号　凌家大院梧桐树

湖南口音笑问："是今天请我吗？我怕又弄错了日子。上次到她家去，以为是请我吃饭，谁知一个人都没有在家。问当差的，他也搞不清。"他老人家稀疏的胡须已经花白，一双小眼闪闪地发亮对着我们。看到房里的玉兰，他老人家便滔滔不绝地讲他湖南的花木，他是像所有湖南人一样特别爱他的故乡。那一天不知为什么玉兰花撩动他的诗意，他谈要写一首玉兰诗送我。（这话他是未忘，过不多时，他写了一首玉兰诗送来，并另画一小幅画。）

随后陈师曾及陈半丁两人来了，他两位是近五十岁的清癯有学者风度的人。师曾虽在日本留学甚久，却未染日本学生寒酸气。虽是士宦人家生长，父亲又是有名诗人陈散原，但是他的举止言谈都很谦和洒脱，毫无公子哥儿习气。陈半丁虽在前清肃亲王门下多时，却也未染满州人官场恶习。他们飘然进来，我同南荜招呼敬茶敬烟。不知是半丁或师曾说："这是头号铁观音呢！今天没有好画报答主人，先生也得打手心了。"

"好茶还得好壶呢，这个宜兴壶也够年纪了，就是不放茶叶也可以沏出茶来。"师曾把茶壶拿起啧啧称赏道。

"真的吗？这不是可以省掉茶叶了吗？"不知谁说。

"他肚子里故事真多，"半丁指着师曾向我说，"叫他讲宜兴壶，他三天都说不完。你叫他讲那个乞丐与他的茶壶的故事，有意思……"不一会儿王梦白摇摇摆摆的，嘴衔着纸烟走进来，他后面是姚茫父，圆圆的脸，一团笑意，同他一起走进的萧厔泉却是一张历尽沧桑非常严肃的脸（他们那时都是五十上下的年纪）。

"梦白，你这几天怎样又不到咸肉庄坐着哪！我打发人找了你几回都找不到，有几个德国人一定要我请你给他们画几只猪。"陈师曾问道。

"是哈大门的德国火腿铺子吧，叫他先送一打火腿来吃完再画。"王梦白说着慢吞吞把烟卷抖抖灰，很随便地坐下来。

"他老人家改地方了，他常到便宜坊坐着去了，你看他新近画了多少翎毛啊。"陈半丁说。

"你们都没有我清楚，哈哈，"姚茫父响着他特有的快活调子笑道，"这阵子他天天到梅老板店里坐着呢。"

国画泰斗齐白石算得上是凌府的常客，而一代鸿儒辜鸿铭更是凌叔华的英语老师。有一次辜鸿铭与齐白石、康有为齐聚凌府，凌叔华兴致颇高，饮酒微醉，即在桌上跳了一支舞，大家有说有笑，十分高兴。

才女出师

1912 年，12 岁的凌叔华走出家里的私塾，开始学校生活。1914 年，凌叔华考入了直隶第一女子师范学校。

1919 年 5 月 4 日，五四运动爆发。在"五四"前后的文坛涌现出了一批才女，如陈衡哲、冰心、苏雪林、林徽因等，她们先后到海外求学，归国后选择任教于大学，完成从才女到女教授的华丽转身。凌叔华则不同，她没有在韶华年纪走出去，而是走进全职主妇的家庭生活，不知觉地将自己困在传统与现代之间。在她娴静、婉约的格调下，潜藏着苦闷、狂乱的暗涌，随着时间的推移，逐渐显现出来。

1919 年初，新一轮的爱国运动再次点燃。第一次世界大战刚刚结束，在巴黎和会上，中国代表要求索回德国强占的山东半岛主权，但英、法、意主

史家胡同 24 号　凌家大院紫藤

张将德国的利益转送给日本。这在中国国内引发了强烈抗议，人们纷纷发表言论要求中国代表维护国家利益。凌叔华响应时势，在直隶女师学友会的会刊上发表激愤的文章。到了 5 月，由北京的学生团体开始组织游行抗议，迅速在全国蔓延，五四运动爆发。在老师们的鼓励下，凌叔华也加入到运动的洪流中。她被同学选为学校新成立的学生会四个秘书之一，负责为学生游行、演讲的队伍撰写计划、标语和演讲辞。与凌叔华一道投身学生运动的同学中，还有两位后来鼎鼎大名的女性——许广平和邓颖超。许广平是宣传刊物的编辑，邓颖超则负责演讲工作。

正是在这场运动中，奋笔疾书的凌叔华萌发了当作家的念头。不过，她并没有从"五四"的活跃分子转变为拥抱共产主义的革命者，而是回到了传

史家胡同 24 号
凌家大院后花园一角

统的中国。其中一件事情令她印象深刻。

　　一位爱国的语文老师曾经鼓励学生罢课去参加运动，然后让她们写下心得。但一些学生开始学着革命者的腔调喊起"打倒孔家店"的口号，他开始觉得学生运动越走越远了。他不同意学生们无视自己的文化遗产，一味地鼓吹外国的月亮都比自家的圆。他告诉她们，其实古代经典中不仅蕴涵着深邃的智慧，还包含了许多所谓的现代思想。这触动了凌叔华，她是同意老师的。老师推介她看《庄子》。她看了，为书里睿智的思想和辨证的哲理所着迷。然后，她把《庄子·盗跖》推荐给了一个热衷于学生运动的女同学看。那女同学的表情，"先是皱眉，假装不愿读。渐渐地，她的表情起了变化，露出天真的笑靥"。女同学被说服了，说："庄子真是位大哲学家，我为他是个

凌叔华（左四）与胡适（左一）、林语堂（左二）、郁达夫（左七）、周作人（左八）等人，于1924年2月在北京中央公园（今中山公园）的合影

中国人而感到自豪。用苏格拉底、柏拉图代替庄子太可耻了。"后来，凌叔华找到了自己的道路，她和一群志同道合者都认为有必要重新确立中国传统在现代世界中的地位。

1924年是凌叔华在北京文坛崭露头角的开始。这一年，她已经是燕京大学外文系大四的学生了。四年前她刚入校的时候学的是动物学。倒不是因为她对科学有多么大的兴趣，而是她深深地沉迷在德国作家歌德的小说《少年维特之烦恼》当中，而歌德研究过动物学。看来，女文青也有自己独特的追星方式。

但文学才是凌叔华衷心所在。燕大是一所由美国教会支持的大学，校长是那个著名的司徒雷登，且师资来源以英美教师占主导，随后还来了一个也很著名的周作人。凌叔华正好利用此等资源，果断地转到外文系，主修英文，兼学法文和日文，并投在周作人的门下提高写作技艺。

终于在1924年，凌叔华出师了。经周作人的推荐，她的短篇小说处女作《女儿身世太凄凉》得以发表。小说用细腻温婉的笔触，讲述一个被传统婚姻毁灭的女性的故事，将传统女性的命运比作"飘花坠絮"，象征她们飘零无助的生存状态。这篇作品使凌叔华开始为文坛所关注。但在这一年，是另一件事让凌叔华真正蜚声京城文艺圈——在史家胡同的家里接待大文豪泰戈尔。

接待泰戈尔

代表中国知识界向泰戈尔发出邀请的，是由梁启超、蔡元培、林长民、张元济等社会精英成立的讲学社。此前，该社还成功邀请了美国哲学家约翰·杜威、英国哲学家伯特兰·罗素、德国哲学家汉斯·杜里舒来华访问，这都是那些年民国著名的文化事件。泰戈尔本来决定1923年8月到中国，但由于身体原因又推迟行程，直到1924年4月才抵达上海。担任具体翻译和接待陪侍任务的是徐志摩。在为期一个多月的中国之行中，63岁的泰戈尔去了很多地方，每到一处还会有当地文化名流举办的欢迎会。北京的欢迎会是在天坛举行的，陪侍在他身边的除了徐志摩，还多了一个林徽因。

随后，泰戈尔来到燕京大学演讲，凌叔华就坐在听众席上，第一次领略了这位文豪的风姿。会后，凌叔华有幸被引荐给泰戈尔，她还谈了自己对中西诗歌和绘画的看法。没过两天，凌叔华就请泰戈尔到史家胡同的家中品茶，以表敬意。

其实，凌叔华在此前就已经在京城文艺界小有名气，这要得益于她的父亲凌福彭。凌福彭从政多年，结交了很多政界、文化界名流；隐居后，以书画自娱自乐，在京城艺术圈子颇有影响力。当时在京城有一个画会，书法家、画家、诗人和学者都会参加，每个月在不同地方聚会一次。这样的聚会有时也在凌家举办。凌叔华自幼学画，很自然就加入到了画会当中，并尽东道之宜奉侍雅客。一次，齐白石、金城、陈半丁、王梦白、陈师曾、周肇祥都来了，先是聚餐，然后到摆着几盆水仙、朱砂梅和玉兰的画室作画，他们一幅接着一幅地画画，凌叔华恰到好处地出现为他们准备画具，亲自裁纸研磨；最后大家还合作了一幅《九秋图》，再由诗人题上诗句，送给了凌叔华。

为了接待泰戈尔，凌叔华特意准备了精致的中式糕点。她订购了几篮藤萝饼、玫瑰饼和萝卜丝饼，还让佣人现磨新鲜的杏仁，做成杏仁茶款待贵宾。4月29日那天，和泰戈尔一道前来的还有徐志摩、胡适、林徽因、陈西滢等一批新文化名流。来宾们吃着糕点，喝着杏仁茶，欣赏凌家墙上挂着的画家们雅聚时的画作，耳边传来古琴弹奏的乐曲，心中无不叹服于凌叔华超凡的格调。有了之前办画会的先例，凌叔华毫无拘束地邀请泰戈尔："今天是画会，敢问您会画画吗？"身旁的人正为她的这个略显唐突的要求感到惊慌，没想到泰戈尔爽朗地答应了邀请，在凌叔华准备好的檀香木片上画了一尊佛像和睡莲。

接待了泰戈尔之后，凌叔华在这一年也顺利从燕京大学毕业了，并加入了新月社。这个社就是徐志摩、胡适、陈西滢等几个志同道合的朋友组织的一个不定期聚会和讨论的文学沙龙，"新月"就是出自泰戈尔的散文诗《新月》。

1924年底，《现代评论》在北京创刊，凌叔华的短篇小说《酒后》在第

陈西滢和凌叔华。陈西滢原名陈源，字通伯，江苏无锡人。1922 年从英国获博士学位回国，任北京大学教授。1946 年，陈西滢任（巴黎）联合国教科文组织代表

一卷第五期上发表，立刻引起如潮好评。授业恩师周作人也立刻发表文章，给予肯定和好评。日本很有名的杂志《改造》也将《酒后》译成日文发表。同名的话剧也紧随其后见诸杂志。

而初上文坛的凌叔华，凭着自己的努力和他人的提携，终于一举成名，成为民国众多才女中脱颖而出的一位。因着小说在《现代评论》的发表，凌叔华开始与该刊的编辑陈西滢通信，邀请他到史家胡同的家里去。陈西滢本也是出身书香门第，很快就成了那里的常客。

妈妈等我回家吃饭

凌叔华小的时候，父亲给她定了门亲。凌福彭曾与天津巡警总监赵秉钧（此人是中国现代警察制度创始人）是同事，也都为袁世凯的得力干将，两人私交也不错，于是口头约定，等凌叔华长到适合的年纪，就嫁给他儿子。但赵秉钧在1913年宋教仁被刺杀的案件中受到牵连，死于政治阴谋，这个娃娃亲也就此终止，凌叔华幸运地躲过了包办婚姻。

后来，凌叔华与陈西滢互生情愫。1926年，在胡适的主持下，凌叔华嫁给了陈西滢，这在时人眼里是名副其实的才子佳人。此后，两人历经磨难，最终得以长相厮守。

抗日战争胜利前夕，陈西滢离开了武汉大学，到伦敦负责中英文化协会工作；1946年，凌叔华带着女儿前去伦敦，一家人团聚。很快，陈西滢又被国民党政府任命为驻联合国教科文组织首任代表，由于总部常驻在法国巴黎，于是开始奔忙于伦敦和巴黎之间。而凌叔华则离自己向往的文学之路又进了一步。她频繁联系梵内莎·贝尔，希望融入伦敦文艺圈。梵内莎尽可能地帮助她。然而文艺圈总是这样那样的偏见，凌叔华也遭遇不少冷遇，但为了这个异域的文艺圈认可她写作和艺术方面的才能，她显示了近乎孤注一掷的努力。

结果也是卓有成效的。1949年12月，新中国成立不久，凌叔华在伦敦新邦德大街亚当斯画廊举办了画展。在国内她办过几次画展，而在国外办展还是第一次。1953年，她成功地出版了自己的英文自传体小说《古韵》，终于完成她跨文化写作的梦想。小说以童年时代的往事回忆为内容，写了凌叔华的家庭，写了老北京的社会风情，写了传统文化对她的熏陶以及她亲历的五四学生运动。小说一经出版，很快受到英国文学界的认可，并成为畅销书，

1990 年 5 月 18 日，凌叔华与女儿和外孙一起回到北京的家（当时的史家幼儿园）

后来还被译成中、法、德、俄等文出版。可惜这是凌叔华最后一部力作，此后她开始了各国游历讲学的生活，但一直没有成功写出第二本长篇小说。

陈西滢在新中国成立后一直担任着国民党台湾当局的驻外官员，直到 1966 年才退休。1970 年，陈西滢病逝，终年 74 岁。

凌叔华的内心一直渴望回到故土，但碍于丈夫的政治身份，她只能悄悄地回去。陈西滢去世后，她开始频繁回国旅游，拜访老友，同时也在计划收回留在北京的房子。

1989 年 12 月，凌叔华再次回到北京。早在四年前，她就拟定回国定居，因摔伤而未能实现。这次，或许是她已预感到生命将悄悄离她远去，她一再告诉女儿她要回家，就是住院也要在北京住。她在石景山医院接受康复治疗。在治疗期间，她想看看凌家老宅。于是在次年 5 月 16 日，她躺在担架上，被

史家胡同 24 号
凌家大院丁香

带回到了史家胡同 24 号院。那里是凌家老宅的后花园，本来一共 28 间房子，是 1926 年她嫁给陈西滢时，父亲凌福彭给她的陪嫁。此时，那儿已经改成了一家幼儿园。当凌叔华被抬进院内时，竟像小时候一样低声说："妈妈等我回家吃饭。"仿佛又回到承欢在母亲膝下的童年时代。

6 天后，她躺在病床上留下的最后一句话是："我不会死的。"这只从高门巨族飞出来的凤鸟，不甘沉寂的一代五四新女性，有主见有个性，一辈子努力进取，也构建起了自己的身份，终于落叶归根。

凌叔华（1900—1990）

原名凌瑞棠，笔名素心、叔华、瑞唐等，英文名 Su Hua。原籍广东省番禺县。幼年先后从著名画家王竹林、缪素筠、郝漱玉等学画，向辜鸿铭学过英文。1922 年入燕京大学外语系，主修英文、法文，副修日文，并加入燕京大学文学会，开始创作。1925 年 1 月，在《现代评论》周刊发表短篇小说《酒后》，因描写女性心理细腻大胆而一举成名。之后，接连在《现代评论》上发表了不少小说，被鲁迅称为发祥于《现代评论》的作家。

1935 年，凌叔华主编过一段《武汉日报》副刊《现代文艺》。抗战时期用英文写自传体散文，后于 1953 年在英国结集出版，名为《Ancient Melodies》（《古韵》）。1946 年，凌叔华与丈夫陈源（陈西滢）在英国定居。1956 年后在新加坡南洋大学、加拿大多伦多大学教授中国近、现代文学。1960 年出版自选集《凌叔华短篇小说选》和散文、评论集《爱山庐梦影》。除此之外，她还写了十二部独幕剧。1968 年后应伦敦、牛津、爱丁堡等大学邀请，作中国近代文学和中国书画艺术的专题讲座。侨居海外期间，凌叔华多次举办个人画展和藏画展，有较大影响。1972 年后数次回国观光。1989 年底回国，1990 年 5 月 22 日在北京逝世。

富贵·传承
——史家胡同博物馆

2015 年 3 月 2 日，一代才女凌叔华去世 25 年后，曾经汇聚民国政要、文人墨客的凌府大宅院，又一次因为一位贵客的来访，热闹起来。

只不过这一次来的，是一位外国人——英国剑桥公爵威廉王子，而昔日的凌府也早已换了牌匾——史家胡同博物馆。

2013 年底，由东城区朝阳门街道与英国查尔斯王子基金会共同合作，完成了凌府后花园旧貌的恢复工程和布展工作，在此成立的中国唯一一家胡同博物馆——史家胡同博物馆正式开馆。

也正因此如此，威廉王子来华访问，这座胡同博物馆成为他到访的第一站。

威廉王子并非唯一一位关注史家胡同博物馆的外国政要。在他前后，泰国首脑、欧洲王室都曾是这里的座上宾。而中国官员也成为这里的常客，仅北京市委书记郭金龙就曾三次造访。

走进这座两进院的博物馆，翻修一新、宽敞齐整的院落，一下把威廉一

史家胡同居民捐献的影壁砖雕

行带入到浓浓的老北京文化气息中。

步入展厅，迎面而来的是一幅线描的四合院绘画。威廉王子驻足良久，称赞不绝。

这幅画是著名胡同画家郑希成所作，画的内容是凌府故居。画作中，凌府宅院层层递进，在最后的后花园里，一群孩子正围着一棵枣树，欢天喜地地打着枣。

不用问，打枣的孩子里，一定有年少时的凌叔华。

凌府的正门本来在干面胡同，后面本是一座花园。作为与邓颖超、许广平、冰心、林徽因等齐名的民国才女，凌叔华在这里拥有一座秀韵典雅的书房。凌家"大小姐的书房"成为京城文化人的沙龙，其名气比林徽因"太太的客厅"有过之而无不及。后来，凌叔华出嫁，父亲凌福彭将凌府花园的一部分，作为嫁妆送给了凌叔华，又在史家胡同开了大门。

新中国成立后，凌叔华早已远赴英国，昔日旧宅一度成为史家胡同幼儿园。五十年间，无数孩子就像当年打枣的大小姐一样，将童年的欢笑与美好回忆留在了这里。时至今日，人们还能在院落的东墙上，找到昔日幼儿园壁画的踪迹。

根据 2009 年航拍的史家胡同照片复制的胡同原貌

凌叔华去世后，女儿陈小滢将院子的产权转让给了国家。她只提出了一个要求：院子要用于公益事业，不能做商业，也不能盈利。

也许是一种缘分。常年定居英国的凌叔华不会想到，在她身后，她青春时代的府院竟然与英国王室有了不解之缘。以英国王储查尔斯名义成立的王储慈善基金会，对保护北京胡同文化有着浓厚兴趣，他们决定出资，修复凌叔华昔日的院落——这是他们在中国投资的第一个项目；北京市东城区朝阳门街道则负责筹备展品，在修复后的院落里，成立一座独一无二的胡同博物馆。

从凌家大小姐的后花园，到史家胡同的博物馆，史家胡同 24 号完成了她光彩夺目的转变。而博物馆最忠诚的见证者，当属管理员刘平太。

两年来，刘平太一直兢兢业业地守护着这座京味儿十足的博物馆。从收集胡同旧砖旧瓦，到实地测量数据，刘平太和他的共事者们对每一个细节都一丝不苟。甚至于院中的一草一木，都是根据凌叔华生前的喜好，按照老照

2015 年，英国威廉王子来华访问，这座胡同博物馆成为他到访的第一站

片来做的绿化。

如今的博物馆一共有八个展厅，附加一个多功能厅。从本家儿凌叔华的印章，到胡同名人的笔迹；从粮票自行车等老北京的老物件儿，到各行各业的叫卖吆喝；从人艺剧院的精彩剧照，到有关京剧、评剧、曲艺、相声、书法、绘画的各色讲座……这里是一座胡同文化气息极浓的博物馆，或者说，是一座老北京的博物馆。

在刘平太眼中，这座占地 1000 多平米的宅院，承载着老北京文化的前世今生，承载着胡同文化的继往开来。

就在开馆不久，曾来过一个 90 多岁的老太太，是清华大学的老教授。等她参观完了，刘平太拿出留言簿，想让她写点什么。老太太却说："不用写了，我就送你两个字——富贵。"

老太太解释说："这个院落，传承着中国的文化。'富'就是'钱'，'贵'

凌叔华的女儿陈小滢及外孙在史家胡同博物馆

就是'精神'。一个人一夜可以变'富'，可是一生变不了'贵'，他没有那种精神。这两个字就代表了凌叔华的那种精神，她把她的院子捐献给国家做公益事业。"

后来刘平太接道："我是这个院落的见证者、参与者、守护者，我也送两个字——'传承'。这儿作为博物馆，就是要把咱这个胡同文化传承下去，让国际友人也了解北京。什么叫北京？就是北京大街小街胡同四合院，这是世界上独有的。别的国家，西方国家都是高楼大厦，咱们中国历史悠久，咱们北京就是大街小街、胡同、各种门楼，各种地位身份他都能表现出来。"

刘平太无疑是一位忠诚的传承者，好在他并不孤独，他并非为传承北京胡同文化而奔走的独行侠。

作为24号院的老邻居，84岁高龄的著名胡同剧作家蓝荫海几乎每天都要来一趟，有时甚至要来两趟，记录整理刘平太口述的故事。蓝老希望，通过自己

原北京人民艺术剧院编剧、创作室主任蓝荫海向外国朋友介绍史家胡同

的生花妙笔，将胡同博物馆里发生的事编成一部舞台剧，把故事讲给每一位喜欢胡同文化的人听，让胡同文化发扬光大。

蓝老曾说过："如今生活好了，北京城也越变越好，咱北京的文化和念想儿不能丢，我们老人现在生活没负担，愿意为社区出把力，也愿意把咱北京胡同里的这些事儿给大伙儿说说。"

如今，早已退休的蓝老又做起了"蓝天剧社"的社长，作为这个朝阳门地区居民自发组织的剧社的负责人，他身兼编剧、导演、剧务数职，为弘扬胡同文化忙碌并快乐着。这不，在博物馆的大院里，他又做起了指挥，正在组织附近居民唱着老北京的儿歌：

打花巴掌哎，正月正，老太太爱逛莲花灯，烧着香捻纸捻儿呀，茉莉茉莉花儿呀，穿纸莲呀；

史家胡同博物馆管理员刘平太

打花巴掌哎，二月二，老太太爱吃冰糖块，烧着香捻纸捻儿呀，茉莉茉莉花儿呀，穿纸莲呀；

打花巴掌哎，三月三，老太太爱抽关东烟，烧着香捻纸捻儿呀，茉莉茉莉花儿呀，穿纸莲呀；

打花巴掌哎，四月四，老太太吃鱼不择刺，烧着香捻纸捻儿呀，茉莉茉莉花儿呀，穿纸莲呀；

打花巴掌哎，五月五，老太太爱吃烤红薯，烧着香捻纸捻儿呀，茉莉茉莉花儿呀，穿纸莲呀；

打花巴掌哎，六月六，老太太爱吃红烧肉，烧着香捻纸捻儿呀，茉莉茉莉花儿呀，穿纸莲呀；

打花巴掌哎，七月七，老太太爱吃炖公鸡，烧着香捻纸捻儿呀，茉莉茉莉花儿呀，穿纸莲呀；

打花巴掌哎，八月八，老太太爱吃面甜瓜，烧着香捻纸捻儿呀，茉莉茉莉花儿呀，穿纸莲呀；

打花巴掌哒，九月九，老太太爱吃莲花藕，烧着香捻纸捻儿呀，茉莉茉莉花儿呀，穿纸莲呀；

打花巴掌哒，十月十，老太太越活越不值，烧着香捻纸捻儿呀，茉莉茉莉花儿呀，穿纸莲呀！

上世纪 70 年代北京自行车厂
生产的火炬牌自行车

艾青的
"美好的阳光"

"密切联系群众"

1976 年的一天，尹世霖默默踏进了史家胡同的 18 号院门。这里距离他任教的北京二中仅一街之隔，可以前却极少来此。他那沉稳的面孔，遮掩不住内心的喜不自胜。因为他今天要见一个人，一个已经二十年没有写过诗歌的诗人。那个人，就是艾青。

自从 1957 年被错划成"右派"以后，诗人艾青被迫奔赴黑龙江和新疆生活劳动。在那个极易因言获罪的年代，艾青不再发言。直到 1975 年底，他才得因治疗眼疾而回到北京，住处就在史家胡同的 18 号院里。

那时"文革"余风犹存，尹世霖冒险拜访艾青，足见对他的仰慕之情。

说起二人相交，也着实有一番机缘。艾青与夫人高瑛都很重视孩子的学业，希望他能进入北京二中读书。北京二中是全国的著名中学，"盛产"作家，

史家胡同 18 号院

丛维熙、刘绍棠、韩少华、舒乙、尹世霖都是二中的子弟。然而，按照当时"划片入学"的规矩，住在史家胡同的孩子无论如何也进不了二中。艾青听说尹世霖是二中的老师，又是个诗人，赶紧通过朋友邀请一见。

尹世霖满怀欣喜地来到史家胡同，可当他跨进 18 号院时，心里直发酸。小院里挤满了各家各户，艾青的家就在院北，一家三口挤在一座小平房里。而他所谓的书房，其实就是客厅。

"房子还不错。"尹世霖按照当时的标准，寒暄道。

"尹老师，"艾青闻言哈哈大笑，像个孩子一样，盯着尹世霖诡秘地说，"你知道我在哪里上厕所吗？就是说，我要到哪里去大小便？"尹世霖一时不知如何回答。艾青却透过房门和窗户，指着院子大门说："我要到大门外、胡同中的公共厕所大小便。特别是大便的时候，一边闻着味道，一边密切联系群众……"

生活逆水行舟

美丽的虎斑纹

闪灼在你身上

是什么把你磨得这样光

是什么把你擦得这样亮

比最好的瓷器细腻

比洁白的宝石坚硬

象鹅蛋似的椭圆滑润

找不到针尖大的伤痕

在绝望的海底多少年

在万顷波涛中打滚

一身是玉石的盔甲

保护着最易受伤的生命

要不是偶然的海浪把我卷带到沙滩上

我从来没有想到能看见这么美好的阳光

　　1979年，年近古稀的艾青终于平反。这年12月，诗歌《虎斑贝》有感而生。其实，早在上一年的春天，艾青就已经再提诗笔，回到了他的诗歌生涯。从"绝望的海底"，到"看见这么美好的阳光"，诗人终于熬过了他最艰难的岁月。

　　这一年的深秋，旅美作家李黎曾来拜访艾青。用她的话说，当时的艾青"头发黑黑的、腰杆挺挺的、眼睛直直的看着人，嘴角总有一丝带点嘲讽的笑意"，丝毫不像一个饱经沧桑、风烛残年的老人：

他说话慢慢的，调子低低的，字句都非常简洁；有的像格言诗，有的像早就想好的、却装作不经意地丢出来的幽默，带一丝辛辣。

一见面，寒暄过后，我问："像您这一辈的中国作家，经历的可以说是最多的了。"

"多，但也很单调。"

"还单调？各式各样的遭遇——且往往很悲惨。"

"也不悲惨。我并没感到悲伤。有人比我悲惨。"

"这是相对来讲的。你们受的苦难，很多是不可想像的。"

他半眯着眼说："想像应该比这丰富多了——也自由多了。"

我想到见他之前，从友人处得到的对于他的印象："听说您幽默风趣，我很奇怪：经过这些年的生活，还可能这样吗？莫非是一种从困境中提炼出来的幽默？"

他微微一笑："幽默还要提炼啊？又不是石油！是生活锻炼的。幽默是找出事物间互相的矛盾；有的叫幽默，有的叫笑话，有的叫滑稽。离开矛盾，这些都不存在。"

年轻时因从事革命文艺活动坐过牢，后来一度颠沛流离，31 岁奔赴延安从此再未离开北方，中晚年又遭二十年的苦寒之遇。我们很难把这一切，与一个江南才子联系在一起。

"时间顺流而下，生活逆水行舟。"艾青曾经写下这样两句话，"'时间顺流而下'形容光阴过得很快，'生活逆水行舟'说明生活需要奋力，需要挣扎；如果生活像'顺流而下'的行船一样，毫不费力，还有什么意思？"

艾青（1910—1996）

　　原名蒋海登。浙江金华人，现代文学家、诗人。1928 年中学毕业后考入国立杭州西湖艺术院。1933 年第一次用笔名发表长诗《大堰河——我的保姆》。1932 年在上海加入中国左翼美术家联盟，从事革命文艺活动。1935 年，出版了第一本诗集《大堰河》。1957 年被错划为右派。曾赴黑龙江、新疆生活和劳动，创作中断了二十余年。1979 年平反后，任中国作家协会副主席、国际笔会中心副会长等职。1985 年获法国文学艺术最高勋章。1996 年因病逝世，享年 86 岁。

史家胡同
绵远
Shijia Hutong
of Eight Houses

魂

　　史家胡同七百年，无数达官显贵
在这里翻云覆雨，富商巨贾在这里浊
浪淘金，文士名流在这里吟风绘月，
而老北京民俗文化的精髓也在这里生
根发芽。

胡同里的人民艺术
——北京人艺

从老人艺到新人艺

史家胡同 20 号院（老门牌 56 号），是北京人民艺术剧院成立的地方，也是第一批人艺艺术家们最开始的办公场所和生活的地方。

这座大院坐落在胡同东段，两扇褪色的朱漆大门，连顶门洞，坐南朝北。院内建筑虽然也是灰砖蓝瓦的平房，但从整体格局看，不像传统典型的四合院。北房与南房之间是一座宽敞的庭院，院中有一棵主干挺拔枝叶茂密的核桃树和一棵芙蓉树，两丛黄刺梅。每当春夏之际，花开满枝，飘香四溢。

老人们说，1949 年北平解放时，这里已是一所无人居住的空房。

1950 年华北人民文工团进入北京，编制扩大，经政府批准，改建为包括歌剧、话剧、舞蹈、管弦乐等综合性的文艺团体，定名北京人民艺术剧院（现在惯称"老人艺"）。院长是曾留学苏联、参加过长征的李伯钊，副院长是

史家胡同 20 号　人艺宿舍大院

参加过延安文艺座谈会的欧阳山尊和金紫光。"老人艺"院部设在西堂子胡同 1 号，史家胡同 56 号辟为演员的集体宿舍。住在这里的话剧演员，除叶子、沈默等几位资深的老演员外，大多数都属于艺龄较短的年轻同志，如后来被观众赞誉为表演艺术大师的于是之，当年只有 22 岁。

　　1951 年末，文化部提出了文艺团体专业化的要求，要改变过去文工团的综合性宣传队的性质，逐步建立新中国的剧场艺术。为此，文化部与北京市委磋商，拟将原"老人艺"各团与中央戏剧学院附属各团统一归文化部领导，建立专业化剧院。北京市委书记彭真则明确表示："歌剧、舞蹈、乐团等都交文化部，北京就要一个话剧团。"最终，"老人艺"话剧团与原中央戏剧学院附属话剧团合并，建立一个专业话剧院，定名"北京人民艺术剧院"，隶属北京市，并由著名剧作家、原中央戏剧学院副院长曹禺担任院长。这个决定得到了周总理的批准。

新建的北京人艺的成立大会，于1952年6月12日晚7时在史家胡同56号大院里召开。会场就设在庭院中，既没有张灯结彩，也没有鼓乐齐鸣，只是在庭院的一端摆放了几张铺着白布单的条桌和木椅，作为主席台。本院职工列队坐在一排排的马扎儿上，面向主席台。整个场面显得简朴而隆重。

在主席台就坐的有北京市副市长吴晗、市委宣传部副部长廖沫沙，北京文联主席老舍，中央戏剧学院院长欧阳予倩，中央戏剧学院副院长曹禺、张庚，"老人艺"院长李伯钊，"老人艺"副院长焦菊隐和欧阳山尊等。吴晗代表北京市宣布北京人民艺术剧院成立，任命曹禺为院长，焦菊隐、欧阳山尊为副院长，赵起扬为秘书长。

那夜，晴空万里，繁星闪耀。新北京人民艺术剧院诞生。

新北京人艺建院初期，院部设在史家胡同56号，院长曹禺、副院长焦菊隐、欧阳山尊、党组书记赵起扬被称为人艺"四巨头"。其中，曹禺、欧阳山尊刚从苏联回来，他们认为，莫斯科艺术剧院是世界上第一流水平的话剧院，它有着悠久的历史，有斯坦尼斯拉夫斯基表演体系，有编、导、演、舞美各门类的专家，有一批优秀的保留剧目，对艺术生产有较完整的管理制度，值得北京人艺学习、借鉴。四人海阔天空聊了一天，立志要为办好北京人艺"摽在一起干一辈子"。

接下来的几天，他们在这里围绕着怎样办好北京人艺这个题目持续地讨论，一共谈了一星期。他们沿着中国话剧历史进程，从清末的文明新戏谈到

建院初期人艺员工食堂，后改为布景制作间和仓库

春柳社的建立，谈到"五四"时期中国现代戏的实践和创作，谈到"左翼"时期南国社和剧联的成立。当然，谈得最多的是战争年代的话剧活动，这是因为在八年抗战和四年解放战争时期话剧得到了空前的普及和提高。

他们历述了这个时期的许多剧团的建立与贡献，如解放区的战斗剧社、火线剧社、群众剧社、先锋剧社、鲁艺工作团、西北战地服务团、国统区地下党所领导的 10 个抗敌演剧队，还谈到了阵容较强的中旅剧团、苦干剧团等民营话剧团体。从这些剧团的活动来看，他们认为：我国话剧运动的主流一直是伴随着民族、民主革命斗争发展成长的，并始终是扣紧时代脉搏，与国家和人民的命运息息相关的。这是中国话剧的光荣战斗传统。他们一致认为：新建的北京人艺一定要继承和发展这种优良传统。

经过反复推敲，他们最后确定"要把北京人民艺术剧院办成像莫斯科艺术剧院那样有世界一流水平，而又具有本民族特色、现实主义风格的话剧院"。这七天的谈话为北京人艺绘出了宏伟蓝图，成为一段佳话。

有了发展目标，那么根据地在哪儿呢？这里还有一段故事。

1953 年，曹禺接受创作任务，写了一个剧本——《明朗的天》，这是关于协和医院知识分子接受思想改造的故事。协和医院作为"庚子赔款"退款由美国人建立起来的一家大医院，在新中国成立后面临社会主义改造的问题。曹禺作为知识分子出身，也正好适合这一题材。戏剧排出来后，选定在东华门附近的中国儿童剧场（新中国成立前是一个电影院，新中国成立后为老人艺的演出地点）公演。1954 年 1 月 23 日，公演这天逢农历新年，国务院包场，刘少奇、周恩来夫妇来了，反响很热烈。演出后，总理到后台慰问，表扬曹禺说："病房里的那场戏演得很精彩，把我们的感情都抓住了，有生活嘛，所以感动人。"大家听了都很开心，激动地跟总理合影留念（多数老一批人艺工作者的家里都有跟周总理的合影）。有心人就向周恩来诉苦说："总理，您看我们这个剧场太小，像我们《明朗的天》这种反映协和医院的大戏，都没法在舞台上展现有质感的大布景。"总理立马回应："你们写报告吧。"一时间，众人开心得都炸了锅。

第二天，人艺的几个领导就开始坐下来筹划写报告的事。有了总理的话，报告自然很快通过了。然后开始选址。几位领导达成共识：要选一个"闹中取静"的地方。于是就相中了史家胡同西北方向不远的一个所在。那里往南走是王府井闹市区，往北走则是很安静的一片区域（后来建了中国美术馆），正好处在喧嚣与幽静之间。经北京市委批准同意后，新中国第一座专业的话剧剧院——首都剧场，破土动工了。

1956 年夏，首都剧场落成。这座巍峨雄伟、蔚为壮观的现代化剧场，是新中国文化建设的象征。这座位于北京王府井大街 22 号的首都剧场，通体是米黄色，建筑外观带有明显的苏联风格，但在建筑和室内外装饰上又体现出了中国传统建筑的特色，是东西方建筑艺术的完美融合。

半个多世纪过去了，看话剧的观众来了好几代，北京人艺的艺术家也换了好几代：曹禺、焦菊隐、欧阳山尊、夏淳、梅阡、于是之、童超、舒绣文、刁光覃、朱琳、苏民、蓝天野、英若诚、董行佶、林连昆、朱旭、李婉芬等。他们从史家胡同 56 号院走出来，在首都剧场落脚，他们创出北京人艺独特的艺术风格和坚实的基础。

周恩来：人艺的良师益友

周恩来与北京人艺缘分很深，这大概跟他多年重视统战工作分不开。在战争年代，他广泛联合文艺工作者造文化舆论声势；在和平年代，他总揽全国行政事务，兼顾以文化宣传争取广大人民对新政权的认同。单就拿北京人艺来说，从它创建伊始一直到"文革"前的十几年里，周恩来给予的呵护和支持就不可谓不深切。

周恩来第一次到史家胡同 56 号院，是在 1957 年 5 月的一个初夏之夜。当晚，周恩来在首都剧场三楼宴会厅欢迎泰国演出艺术代表团。宴会前，周恩来让秘书通过人艺办公室派几位青年演员参加作陪。晚会开始后，先是泰国艺术家进行表演，其间中国艺术家也穿插表演些节目。

全部节目演出结束时已是深夜 1 点多了。这时周恩来让秘书通知那几位

首都剧场，坐落在繁华的王府井大街 22 号，它是隶属于北京人民艺术剧院的专业剧场，是新中国成立后建造的第一座以演出话剧为主的专业剧场，同时可供大型歌舞、戏剧演出和放映电影之用

参加作陪的青年演员先留一下。待送完所有的客人之后，周恩来对这几位青年演员说："听说你们已住进了在史家胡同新盖的宿舍，而且你们剧院还新盖了排练厅，想请你们引我去看一看。"人们真有些担心周恩来会不会过于劳累。可是，他却毫不犹豫地领先迈步走下了楼梯。这几位演员喜出望外，连忙引周恩来下楼。

来到楼下，一辆黑色吉斯牌汽车开过来，想接周恩来上车。周恩来摆摆手，坚持要跟大家一起走着去史家胡同的人艺宿舍，称自己也锻炼锻炼，散散步。于是，午夜里，在静悄悄的马路上，他们一边走，一边轻声聊天。周恩来一面了解当时北京人艺整风运动开展的情况，一面跟演员们谈生活、谈文艺。中间，秘书几次催促他上车，他还说："白天我不便在街上走，夜晚还不给我这点自由啊？"

就这样，大家边走边聊，就来到了史家胡同人艺家属大院。上了宿舍楼，周恩来特别嘱咐不要闹太大动静，以免影响大家的休息。已届花甲之年的他，跟这几位青年演员一起，一口气上了宿舍楼的四层，轻轻地敲开了男演员的房门，先查看了几间单身演员的居室。一些刚要睡下的男演员猛然见到总理，他们光着膀子愣着竟不知如何是好。周恩来却笑着说："快把窗子打开一下，房间里的气味不好嘛。"大家这才放松地哈哈大笑起来。

然后，他又去了排练厅。虽然在首都剧场有大的排练厅，但人艺宿舍这个小排练厅在之前就一直使用着，功能也算齐全，有舞台，有化装室，还有观众席，实际上相当于小剧场。周恩来一会儿站在舞台上，过了一会儿又下到观众席，在座位上试坐了坐。最后，他询问起演员们"多大年龄""什么时候参加工作的""现在每个月的工资多少"，诸如此类的问题。其中一位青年演员回答说："前年才参加工作，现在每个月工资是 72 元 5 角"。周恩来肯定道："刚参加工作不久，就能有这么多工资，不少了。"接着又说："你们现在有了新剧场，新宿舍，还有这么好的排练厅，条件相当好了，应该努力工作。"

周恩来离开时已是凌晨两点多，走之前还语重心长地说："温室的花朵经不起风雨，年轻人要到风雨中去锻炼。"后来，周恩来还来过一次人艺宿舍，那是专程来探望著名演员舒绣文的。

在 20 世纪五六十年代，北京人艺举行过七八次春节团拜会，周恩来也参加过几次。第一次是 1954 年的除夕。那时新北京人艺刚成立两年，但已经演过 5 个大戏、13 个小戏，在全国也有了一定的知名度。曹禺解放后的第一部话剧新作《明朗的天》的正式公演就在这一年的除夕夜。演出结束后，周恩来

周总理观看过的
北京人艺的演出剧目

	剧 目	时 间	地 点
1	《龙须沟》	1951 年 2 月	北京剧场
2	《春华秋实》	1953 年 1 月	人艺排练厅
3	《非这样生活不可》	1954 年 1 月 21 日	人艺排练厅
4	《雷雨》	1954 年 5 月 22 日	怀仁堂
5	《明朗的天》	1955 年 1 月 23 日	北京剧场
6	《明朗的天》	1955 年 1 月	小经厂剧场
7	《仙笛》	1956 年 6 月	北京剧场
8	《日出》	1956 年 11 月	首都剧场
9	《虎符》	1957 年 2 月 18 日	首都剧场
10	《北京人》	1957 年 6 月	首都剧场
11	《骆驼祥子》	1957 年 9 月	首都剧场
12	《骆驼祥子》 （B 制演员演出）	1957 年 9 月	首都剧场
13	《带枪的人》	1957 年 11 月 14 日	首都剧场
14	《关汉卿》	1958 年 6 月 18 日	首都剧场
15	《红旗飘飘》	1958 年 9 月 12 日	首都剧场
16	《红大院》	1958 年 10 月 9 日	首都剧场
17	《烈火红心》	1958 年 12 月 14 日	工人俱乐部
18	《烈火红心》	1958 年 12 月 25 日	首都剧场
19	《女店员》	1959 年 5 月 2 日	首都剧场
20	《蔡文姬》	1959 年 5 月 8 日	首都剧场
21	《悭吝人》	1959 年 5 月	首都剧场
22	《英雄万岁》	1960 年 1 月 29 日	怀仁堂
23	《英雄万岁》	1960 年 2 月 28 日	人民大会堂小礼堂
24	《枯木逢春》	1960 年 3 月 8 日	首都剧场
25	《名优之死》 《潘金莲》	1961 年 4 月 27 日	首都剧场
26	《名优之死》 《潘金莲》	1961 年 4 月 28 日	首都剧场
27	《雷雨》	1961 年 6 月 8 日	首都剧场
28	《三块钱国币》 《群猴》	1962 年 3 月 6 日	首都剧场
29	《武则天》	1962 年 7 月 16 日	首都剧场
30	《红色宣传员》	1962 年 12 月 28 日	首都剧场
31	《武则天》	1963 年 4 月 29 日	首都剧场
32	《霓虹灯下的哨兵》	1963 年 3 月 3 日	首都剧场
33	《霓虹灯下的哨兵》	1963 年 5 月 4 日	首都剧场
34	《茶馆》	1963 年 7 月 7 日	首都剧场
35	《红色宣传员》 （剧院农村队演出）	1963 年 7 月 12 日	首都剧场
36	《年青的一代》	1963 年 10 月 15 日	首都剧场
37	《李国瑞》	1963 年 10 月 18 日	首都剧场
38	《山村姐妹》	1965 年 1 月 19 日	首都剧场
39	《红色宣传员》	1965 年 1 月 25 日	首都剧场
40	《像他那样生活》 （这是周总理生前最后一次 看北京人艺演出）	1966 年 1 月 28 日	五道口工人俱乐部

蓝荫海老师整理提供

照例来后台慰问，他的第一句话说："今天是除夕，谁有约会谁走，挨了骂我可不负责任。"大家哄然大笑。总理来慰问，谁还舍得此时离开。周恩来对《明朗的天》的演出给予了鼓励，还特别指出第三幕"病房"那场戏十分成功，他说："这场戏把我们的感情抓住了，我看到我旁边的人有的掉了眼泪。有生活嘛，所以就感人。只有体验了生活，才会出现有生命的东西。"

然后，他就跟在场的演职员开起了座谈会，内容包括北京人艺的方方面面，如男女演员的比例失调问题，工资及住房问题，解决剧本来源问题，体验生活的重要性问题，如何增加演出场次的问题，甚至还有剧场有多少座位，一场演出能卖多少钱，演出收入怎么分配，等等。周恩来简直把北京人艺当作自己经营的一块文化阵地，盼着它能尽快壮大势力。他最后还嘱咐"四巨头"曹禺、焦菊隐、欧阳山尊、赵起扬，回头将各自对北京人艺发展的想法写出来交给他，限期 10 天交稿。

在人艺老演员的回忆里，周恩来曾多次到首都剧场看人艺演出的话剧。

周恩来很重视话剧的作用，他认为话剧有"感化劝导之功用"，是"通俗教育中之利器"，进一步有"开民智、进民德"的效力。1938 年，他在重庆曾家岩 50 号"周公馆"办公的时候，就团结了一批进步话剧工作者，大力推动抗日战争动员宣传。

来人艺看戏，周恩来只要有时间就会接见演员，表示祝贺和慰问，有时候不发表具体意见，有时言简意赅地留下他的观感；如果觉得有原则性问题，他会非常慎重地召集大家开讨论会，动员每一个人发言，最后自己再发表总结意见。例如，1957 年焦菊隐排出了郭沫若的名剧《虎符》，焦菊隐在剧中展开了话剧民族化的探索，向传统戏曲进行了多方面地借鉴。周恩来看完后，没有说什么，他知道这是焦菊隐第一次学习、吸收戏曲手法，是难得的尝试，尽管戏还不成熟，但值得肯定。但在 1961 年观看复排的《雷雨》时，周恩来就提出了具体的意见。看完戏，他与曹禺、夏淳（《雷雨》导演）及主要演员朱琳、胡宗温、郑榕、狄辛等进行了长时间的讨论。他主要就该剧的艺术质量提出了批评，说演员的台词功力不够，台词不清楚，失去了话剧艺术的重要表现手段。

周恩来的确是深具风度的无产阶级革命家，他是北京人艺的良师益友和奠基人。

曹禺：朴素谦抑的"曹头儿"

1952 年，曹禺首任北京人艺院长，并事实上也成了终身院长。曹禺是个朴素谦抑的人，许多北京人艺的同事都不叫他曹院长，而是叫曹头儿，以至连家属、小孩子们也叫他曹头儿。他一点儿也不反感，还会冲人微笑。他一直住在铁狮子胡同 3 号，并没有住到史家胡同，只是在"文化大革命"时期一度被安排在这里值班。

在 20 世纪 50 年代初，《中国新文学史稿》对中国现代文学家做了一个排序，提出"鲁郭茅巴老曹"的说法，即鲁迅、郭沫若、茅盾、巴金、老舍、曹禺，这六个人成为官方认定的中国现代文学"六巨头"。头顶着这一层光环，曹禺在建国初的 17 年幸运地没有成为各种运动斗争的对象。可"文化大革命"的风暴席卷而来，令全中国知识分子都无所逃遁于天地间。

在"文革"期间，北京人艺被视为"反革命修正主义黑线的桥头堡"，演出基本就停止了。曹禺也被划为"反动学术权威"，被安排在首都剧场做烧锅炉、看传达室的工作，每天接待来往客人的登记，打扫院子。那年，日本的"前进座"戏剧社来华访问。军宣队领导怕给外国人提供"反宣传"材料，就又决定命令曹禺转移到史家胡同人艺宿舍看守传达室。于是，曹禺就到了人艺宿舍，每天传呼电话，收接信件。当时大院只有一部电话，院子也深，往里走有半里地，电话来了，曹禺就骑着辆自行车挨家挨户地喊："×××，电话。"此外，掏大粪、倒垃圾这样的活儿也得由他来干。

了解中国话剧史的人或许会这样泾渭分明地描述曹禺：中国现代剧作家，出身官家，从 1933 年到 1942 年密集地写出了《雷雨》《日出》《北京人》《原野》等 7 部剧本，并以此奠定了他在中国文学史上的传奇地位；此后再也没有写出一部被公认的佳作。

于是，我们不得不面对这样一个事实，担任北京人艺院长时的曹禺，是那个外在名声日隆的而笔下灵感逐渐枯竭的曹禺。这一点，曹禺自己也是不讳言的。1983 年春，阿瑟·米勒应北京人艺的邀请，来北京执导他的《推销员之死》。曹禺邀请米勒到家里做客，作陪的有英若诚等。其间，曹禺拿出一本册子，里面裱着一封信，是画家黄永玉写给他的。他当场给在座的客人诵读了这封信，信中写道：

……曹公曹公！你的书法照麻衣神相看，气势雄强，间架缜密，且肯定是个长寿的老头，所以你还应该工作。工作，这两个字几十年来被污染成为低级的习俗。在你的生涯中，工作是充满实实在在的光耀，别去理那些琐碎人情、小敲小打吧！在你，应该："全或无"；应该："良工不示人以朴"。像伯纳萧，像伏尔泰那样，到老还那么精确，那么不饶点滴，不饶自己。……你是我极尊敬的前辈，所以我对你要严！我不喜欢你解放后的戏。一个也不喜欢。你心不

曹禺，原名万家宝，字小石，小名添甲，曹禺笔名的来源是因为本姓"萬"（繁体字），繁体万字为草字头下一个禺。于是他将万字上下拆为"草禺"，又因"草"不像个姓，故取谐音字"曹"，两者组合而得曹禺

在戏里，你失去伟大的通灵宝玉，你为势位所误！从一个海洋萎缩为一条小溪流，你泥在不情愿的艺术创作中，像晚上喝了浓茶清醒于混沌之中。……

谈起新中国成立后的创作，曹禺总是摇摇头，摆摆手，不愿提起。黄永玉如此严厉又恭敬的批评，深深地触动了曹禺，也正中他内心的痛苦。那么黄永玉所说的曹禺在新中国成立后写的戏是哪几个戏呢？即《胆剑篇》和《王昭君》。

自从"鲁郭茅巴老曹"的说法确定以后，曹禺在文学界的名位已达巅峰。但这身外的名誉何尝不是一个"纸枷锁"将其精神困住，尤其是在那个特殊的年代，曹禺一直找不回当初那个写出《雷雨》的自由自在的心灵。

1957年掀起的波及社会各阶层的反右运动，虽然没有波及到曹禺，但也开始越来越谨小慎微，在创作上更是不敢随便动笔。1958 年，大跃进又紧跟着席卷而来，他竭尽全力去追赶形势，但他从心里觉得自己跟不上。现在看来，在当时全社会都在浮夸瞒报的情况下，曹禺还是坚持住了知识分子的操守的。当时许多作家竞相豪言，一年要写十几个剧本，曹禺心里则一直在打鼓，经过谨慎的思考，他表态"一年至少写出一两个剧本"。相形之下，这简直是"保守"过了头。后来，曹禺曾这么回忆："解放后，总是搞运动，从批判《武训传》起，运动没有中断过。虽然，我没有当上右派，但也是把我的心弄得都不敢跳动了。"

运动的形势太紧张，把曹禺拖垮了。他病了，就到颐和园的谐趣园（当时作协的一处疗养院）休养，将自己与外界锣鼓喧天的运动隔绝起来。这一养病，甚至惊动了陈毅。陈毅专程去看他。一见到曹禺，陈毅就操起四川口音说："我正要找你。"紧接着陈毅像连珠炮似的，也不容别人插进去，就摆起了龙门阵："你得出去看一看啊！十三陵水库工地上去转一转嘛！""你要写嘛！待在这里咋个写啊！你得出去……"一口气讲了一个小时。"讲完了，走啊！"说走就走。边走还边说："曹禺啊！你可记住，我是专门来看你的哟！"陈毅敦促之意如此明显，也没能改变曹禺的创作困境。

即使是自己在创作上难有起色，曹禺也不忘培养北京人艺自己的创作力量。1960 年完成的任务创作《胆剑篇》，就是在他带领下，和梅阡、于是之合作完成的。《胆剑篇》是根据经典历史故事"卧薪尝胆"改编的，时值在三年困难时期和中苏关系破裂的困难时期，正需要这么一个振奋精神、自强不息的剧目来鼓舞士气。他们搬到北京西山脚下的一个静僻的院子里安静地创作。他们广泛地搜集和阅读历史资料，从正史到野史资料，还有许多古典戏曲本，凡是能找到的，都找来看。在构思阶段，曹禺并不急于建构提纲，也不想局限在历史的框架里，他让梅阡和于是之先想细节、想人物，琢磨人物性格，然后"以人带史"。在构思人物方面，曹禺提点后辈要注重性格对比，比如勾践和夫差对比，伍子胥和伯嚭对比，范蠡和文仲对比。伍子胥精诚廉明，敢于直谏，但骄傲自负，伯嚭巧于辞令，却不敢直谏；范蠡风度翩翩，善于外交，文仲则像老黄牛，明于内政。诸如此类，曹禺希望从人物到场景的对比，突出戏剧的表现力，在对比中寻求美的和谐和完整。

曹禺还让大家多阅读，了解世界文学作品所达到的高度，才能有的放矢地进行有新意的突破。当有人设想出一些细节和语言时，曹禺能迅速地辨识其成色，评价道："普通普通""现成现成"。因为他看过的文学作品太多了，是否落入先人的套子里，他一目了然。

曹禺曾为该剧设想了一个结尾，越军占领吴宫后，正下着大雪，一个年老的吴宫宫女正在夫差的房子里摸着一个东西——胆。军人问她为什么摸它，她说，是夫差常常尝的。原来夫差也跟勾践一样卧薪尝胆，而且同样责问自己："你是否忘记那场败仗了！"这个设想是史书上没有的，曹禺希望借此形成一个寓言式的结构。当然，这在当时没有实现。如此看来，曹禺的艺术内涵还是深厚而宽广的，具有杰出艺术家的胆识。

《胆剑篇》取得了一定成功，前后演了57场，此后也再没有重演。周总理看完戏说："《胆剑篇》有它的好处，主要方面是成功的，但我没有那样受感动。作者好像受了某种束缚，是新的迷信造成的。"周总理的话切中要害，但他也深知，这种束缚和迷信是不那么容易摆脱的，中国的知识分子实在是被各种运动整怕了。

最后一部戏是1979年首演的《王昭君》。该剧本早在1964年已经完成了前两幕，但迫于文艺界的政治气氛越来越紧张，曹禺只能将半成品悄悄地锁进抽屉里，加入到了各种运动的洪流中去了。然后就是一场10年的"文革"

大戏，但演着演着也就演完了。其间，老舍投了湖，焦菊隐也装进了骨灰盒。曹禺则重回北京人艺，仍旧任院长。很快，他就重拾《王昭君》，续写剩下的部分。经过多年政治运动的洗礼和戕害，曹禺长期依赖安眠药寻求安宁，此时重燃的创作热情也无法弥补难以为继的灵感。但对他来说，能够最终完成就已经意味着胜利。《王昭君》公演了，人们闻听搁笔十余年的曹禺又出新作，无不涌向剧场，于是连演百余场，一时传为佳话。

再后来，曹禺仍想创作新戏。他说："我要写出一个大东西才死，不然我不干。"但终于没有写成。这内心的苦闷只有他自己能体会。但面对人艺、面对舞台，曹禺始终是一往情深的："我是爱这个剧院的。因为我和一些老同志在这个剧院天地里，翻滚了 30 年……戏演完了，人散了，我甚至爱那空空的舞台。"那个空空的舞台，何尝不是他那已被抽空的身体呢。

焦菊隐：开创"中国学派"的导演

1979 年春天来的并不早，但这个春天，中国处处在回暖。收音机里也播放着话剧《蔡文姬》的录音，史家胡同 56 号院里的居民的心情格外地激动，久违的话剧终于在人艺恢复上演，导演此戏的焦菊隐也已经得到平反，可惜他在五年前已经故去，无法亲眼目睹这复苏的暖人景象了。

焦菊隐，北京人民艺术剧院的创建人之一。他的曾祖父，就是当年那位住在史家胡同、写诏书把慈禧太后气得要命的焦祐瀛。人艺建院，焦菊隐也可谓是"荣归故里"了。

自 1952 年人艺建院起，焦菊隐就担任剧院副院长、总导演和艺术委员会主任，他对中国古典戏曲和西方戏剧都有精深的研究，是中国唯一的一个戏剧学派——"北京人艺演剧学派（也称'中国学派'）"的奠基人，是当之无愧的一代戏剧大师。

焦菊隐与北京人艺的结缘，还要从话剧《龙须沟》说起。

由于北京地势西北高、东南低，生活排水基本都往东南流。龙须沟，在古代就是北京城排水系统的一部分，是天坛北面一条由金鱼池向南汇入南护城河的排水沟渠。在清代，京城人口剧增，旧的小排水沟渠已经难以满足要求；到了民国，政府疏于治理，这条沟渠已经淤塞断流。沟里流动的都是城市污水，于是这一带就形成臭气熏天、蚊蝇横飞的景象。1950年，刚从美国归来的老舍怀着对新中国建设的高涨热情，就以治理龙须沟为题材，写了这个同名话剧。当时还是"老人艺"时期，院长李伯钊为了排好这出戏，邀请来了焦菊隐担任导演。

北京人艺老演员叶子回忆了当年《龙须沟》排演的情况：

看到新社会先为穷苦人修沟，老舍热情高涨，很快写出本子。剧院让我找在北师大任教的焦菊隐当导演，焦看剧本后说，太单薄了。我向院里汇报，领导又让我再去好好说明一下。后来焦说，让导演和演员共同丰富这部戏吧。他一边在那边上课，一边安排演员体验生活，每周批改演员日记。排戏时焦把学生也带来了，这等于又给演员排戏，又给学生上课。

这是老舍与焦菊隐的第一次合作。老舍创作《龙须沟》的时间略嫌紧张，因为龙须沟还未竣工，但又要赶上献礼演出，明知自己对这类主旋律题材的把握还不成熟，还是要反映它。焦菊隐则根据舞台需要，花了7天对剧本进行修改。他对这个戏还是给予肯定的，说"《龙须沟》仿佛是一座嶙峋的粗线条的山，没有生活经验、粗枝大叶地去看，表面上是一无所有的。然而，这里边可全是金矿。"

焦菊隐原是北京师范大学文学院院长，他一直研究戏剧，始终怀有改革中国戏剧的理想，而北京人艺正好成为他的戏剧改革实验田。一接手《龙须沟》，他就宣布打破先前排练话剧的旧习惯，不仅仅是私下背好台词就直接上台演，而是带着整个演员队伍浩浩荡荡开到了龙须沟所在地。炎炎夏日，到处都是烂泥尘土，热风中带着臭水沟的气味，让人无所遁形。演员们一边经受着恶劣环境的考验，一边同群众交流，体验生活。

演员们一面体验生活，一面还要在笔记本里写日记，比如体验生活、分析剧本的心得、收获。焦菊隐还要求每个演员都给自己的角色写小传，哪怕是个没有台词、只走过场的小龙套，也要编自传，写这个角色的生平经历，设计它与其他角色的关系。写完之后，大家交流，互相了解剧中人的性格、内涵。焦菊隐会审读大家交上来的笔记本，并写下自己的批语。这样的工作形式持续了大约两个月，才进入排戏阶段。

焦菊隐有一个"心象学"理论，他认为外在动作往往是内心活动的表现，如果演员的心里贴近人物，与人物内心保持一致，形成内外统一的整体，那么演员的表演就是人物状态的自然流露，不须刻意表演，一上舞台就能还原人物本色。这个传统被北京人艺一直保持了下来。

在排练阶段，焦菊隐的要求更是巨细靡遗。他不断地丰富细节，比如他认为穷人说话不会那么圆润，要求叶子演丁四嫂时从头到尾用哑嗓子。他甚至对一向被视为事务性工作的司幕，也有近于"苛刻"的要求。有一场戏，有个角色死了，闭幕的时候，焦菊隐要求大幕配合雷鸣电闪以烘托人物心情。

焦菊隐是中国戏剧家和翻译家，也是北京人民艺术剧院的创建人和艺术上的奠基人之一

结果司幕排了几遍都未能达到要求，最后，焦菊隐宣布停排，表示不搞好这场闭幕，排演就不继续进行了。

就是这样严格而细致的艺术创造氛围，激发了每个人的激情，共同将北京人艺演剧艺术一步步推向成熟。《龙须沟》是焦菊隐为"老人艺"导演的第一个话剧，可谓一炮打响，首轮连演 55 场。

老舍也凭着《龙须沟》的演出成果，获得了"人民艺术家"的称号。焦菊隐与演员叶子被选为人民代表。

1952 年，新的北京人艺在史家胡同 56 号正式挂牌成立，焦菊隐担任第一副院长，之后的几年，他都会到这里上班办公，直到首都剧场建成才搬过去。刚搬进新剧场没多久，焦菊隐和老舍就开始了第二次合作，即 1958 年的《茶馆》。

《茶馆》可谓享誉中外。在 1980 年北京人艺应邀去了当时的西德、法国和瑞士进行访问演出，连演 25 场，得到的评价是"中国现代戏剧的精华""史诗型戏剧的典范"。有的文章说：老舍 1957 年写的这个剧本，由几十个不同

北京人民艺术剧院菊隐剧场，位于史家胡同西口

的个人命运来反映一个时代的历史画卷，真是一种杰出的方式，堪称"远东戏剧的奇迹"。然而，今天我们看到的话剧《茶馆》之所以成为新中国话剧的经典，除了因为它是老舍的文学创作，也离不开该剧的总导演焦菊隐当初独具慧眼，提出建议，才奠定了其如今的地位。

1956 年 8 月，曹禺、焦菊隐、欧阳山尊等人到老舍家去讨论他的新剧作《一家代表》。那是一个四幕六场的戏，主要内容是反映从 1898 年到 1949年历届政府立宪是怎么失败的，从侧面歌颂当时新中国通过的新宪法。他们把剧本带回家仔细阅读后，焦菊隐提出一个出人意料的修改意见。他认为其中第一幕茶馆里的戏非常生动精彩，而其他几幕相对较弱，于是他主张以这个茶馆的戏为主，将老舍所要讲的故事都放在这个茶馆里，重新发展一个新戏，通过茶馆反映整个社会的变迁。结果，老舍对这个提议很感兴趣，说："这

北京人民艺术剧院菊隐剧场内

个方案想得太好了。"

　　老舍就用了三个月把《茶馆》写了出来。这次是在首都剧院的会议室里，大家听了老舍朗读新作，一致认为很不错。曹禺后来回忆说："我记得读到《茶馆》第一幕时，我的心怦怦然，几乎跳出来。我处在一种狂喜之中，这正是我一旦读到好作品的心情了。我曾对老舍先生说：'这一幕是古今中外剧作中罕见的第一幕。'"

　　到 1957 年底，焦菊隐担任总导演，正式排演《茶馆》。1958 年 3 月 29 日，在首都剧场公演。连演了 52 场，场场爆满。但三个月后，舆论界掀起了一股批判《茶馆》的旋风。有批评剧中茶馆的老板王利发是"奴隶性格"，不符合时代的革命精神，说：

王利发是一种典型的奴隶性格，难道不应该予以批判？作者对此没有有力量地给予批判，反而在最后通过王的自白，把他的这种行为美化了。

作者笔下的几个劳动人民形象也是消极的，不会斗争，逆来顺受，显然没有劳动人民的爱憎分明的情感。

剧中出现了不少迎合小市民阶层的庸俗趣味，如太监买老婆、两个逃兵合娶老婆的畸形故事告诉今天的读者，究竟有多大的现实教育意义？

然而，真金不怕火炼。多年后，摆脱了当时社会的特定意识形态的束缚，人们发现，这部话剧剔除了庞杂的情节起伏与立场判断，呈现的是一种"大写意"式的内蕴的东方美学。整个三幕戏，从清朝末年、军阀混战写到新中国成立前夕，一幕概括一个时代，跨度达半个世纪，在两个小时的戏中，出场人物60多个，有时仅用两三句台词就勾勒出一个人物，三教九流，无一重复，个个形神兼备，可见老舍炉火纯青的语言能力，和焦菊隐精湛的舞台调度功力。半个世纪以来，《茶馆》历演不衰，成为北京人民艺术剧院的经典保留剧目，累计演出场次超过600场。

焦菊隐是一个自由主义者。在1930年代留学法国的时期，各种留学生社团，无非都是爱国社团，但焦菊隐都不加入。那些留法的同学对他的一致印象是：很用功，不喜欢谈政治，不泡咖啡馆，爱看戏，爱看画展，常常向同学们推荐哪里有好看的画展、什么戏值得一看。平时闲聊时，他也会骂国民党、骂蒋介石，抨击时政，但当同学想拉他进社团时，他都断然拒绝，声明自己不懂政治，也对政治不感兴趣。他始终坚持自己不党不派的原则，认为人一旦有了结党结派，就有了限制，失了自由，失了个性主见。曾有同学向他宣传，中国要做亡国奴了，还搞什么戏？焦菊隐只是淡淡地回了一句："几千年的

《茶馆》剧照

中国亡不了。"

　　焦菊隐如此有个性，在另一方面则显得不太容易与人相处。早在他1939年第一次当导演排夏衍的《一年间》时，他各方面就亲历亲为，要求严格，简直是个"独裁导演"。认识焦菊隐的，都知道他的脾气很坏，工作太认真，要求也高，脾气上来会说话尖酸刻薄，常常让人很没面子。后来在北京人艺的工作中，焦菊隐依旧如此。很多和他共过事的人说："焦先生排戏做事较真，骂起人来特别损，招人恨。"老演员叶子曾回忆焦菊隐：

　　焦菊隐不像个导演，他是水平最高的批评家、欣赏家，品位最高。需要好剧本、好演员，怎么演他不告诉你，但他知道哪不成。坐在沙发上抽烟说话，训人直哭，对演员要求高，骂演员太厉害，一个动作让你演十几遍，有时过于苛刻。

很多人都吃过他的近于苛刻的"折磨"。在排《明朗的天》时，一位演医生的演员拿着一顶礼帽正准备上台，焦菊隐突然说："你拿个帽子怎么像端个尿盆似的！"其实，这些严厉的背后，他付出的是毫无保留的真诚，以及对艺术理想的追求。这些得罪人的事，在社会氛围较开放的时代并没有给他带来什么直接的恶果，甚至有许多人领悟到从他那里受益良多。但是在知识分子思想改造的年代就不同了，对他的批判将毫不留情地像潮水涌过来。

1957年"反右"时，人艺贴了很多揭批他的大字报，但由于当时北京市委领导和人艺院党委书记赵起扬的保护，没有把他划为右派，并逐渐让他少排戏，主要进行戏剧理论革新的工作。1959年10月，人艺做了一个重要决定，说是为了让焦菊隐集中时间和精力，进行话剧民族化的理论建设，决定让他每年在剧院只排一个戏，原由他主持的艺委会工作由欧阳山尊担负起来。较少地处理人事关系，也使焦菊隐得到一个稍微安静、安全的工作环境，也得益于此，他在60年代初期完成了数十万字的理论著述，初步建立起了"中国学派"这一中国独有的戏剧学派，迈出了话剧民族化的第一步。

可是，当"文革"来临，他不会再那么幸运地躲过去，他的理论研究也因此而中断。

人艺老书记赵起扬曾感叹：焦菊隐"对于话剧民族化的理论只写了一篇提纲，太可惜了，这是一篇影响戏剧发展的一个新课题；另外他很早就想排出一部具有中国特色的《哈姆雷特》；他还想把《白毛女》改编成话剧，构思已经比较成熟；还有，他不仅要继续进行像《虎符》那样的民族化实验，还要对西洋话剧的各种流派做实验，来滋润丰富中国话剧"。

从1951年焦菊隐第一次导演《龙须沟》至"文革"之前，十多年间，他

主要的艺术实践都是在北京人艺，他指导或亲自排演的古今中外的话剧有 20
多部，其中包括导演郭沫若（《虎符》《蔡文姬》《武则天》）、老舍（《龙
须沟》《茶馆》）、曹禺（《明朗的天》《胆剑篇》）、田汉（《关汉卿》）
等大剧作家的新作。虽然并非所有的戏都获得成功，有的作品还存在欠缺之处，
但每排一出戏，都是向更高艺术境界的一次探索，是对话剧艺术的一次革新
尝试。

于是之：一个演员的独白

于是之是当之无愧的艺术家，论人品、论艺品，都是当代中国艺术界的
典范，但他更喜欢自称"演员"，因为演员是他的职业，也是他的生命。

于是之是如何走上演戏的道路，在他自己看来，多是受了他亲戚的影响
和帮助。其中最有名的就是"话剧皇帝"石挥。于是之的父亲在他出生没多
久就去世了，就剩下他与母亲相依而活。在他十五岁开始找工作以前，他和
母亲基本靠着娘家老家"集体供养"。石挥就是他的一个远房表舅。其实这
些娘家人也都是穷人，对于是之来说也没有提供什么家学的培养，不过这个
石挥表舅的确是他从小就敬佩的人物。

石挥青少年时代就性格活跃，时常参加话剧社的排演，于是之小时候就
常在他家里看到不少剧照，虽然当时于是之并不懂什么是话剧，但看着这个
远房表舅能演会唱的，心中不由地敬佩起来。这或许能算是种在于是之心中
的一个文艺启蒙的种子吧。而石挥还有个弟弟叫石诚，他在 1945 年介绍 18
岁的于是之加入了一个叫祖国剧团的团体，开启了后者专业话剧演员的生涯。

新中国成立后，石挥自导自演了电影《我这一辈子》登上事业巅峰，但也因其艺术家追求自由的个性，在极左思想盛行的五十年代遭到打压，最终被划为"右派"。于是之则顺利进入北京人艺，因出演话剧《龙须沟》的程疯子一炮而红，之后又主演了《茶馆》《骆驼祥子》等名剧，走上表演艺术家的道路。

于是之是位天才演员。他能体味人生最细微的感情，表现人物最特别的气质，他能把各种各样的人物塑造得玲珑剔透、栩栩如生，让观众久久地回味思索。这从他深入诠释"程疯子"这个角色的内涵当中可见一斑。

程疯子这个人物在老舍笔下是这样描写的："他有点神神气气的，不会以劳动换钱，可常帮忙别人。他会唱，尤以数来宝见长……原是相当不错的艺人，后因没落搬到龙须沟来。"这几句大体上描述了人物的外在表现，但对演员来说是不足够的，还需要丰满人物的内心世界，表演起来才能做到自然流露。于是之就抓住"不错的艺人"这一点，试图进入角色，具体地认定出他是个什么艺人？

于是之想，旧社会里艺人大都受压迫，但却未必都疯；但凡疯了的，除了社会原因以外，也多少有些他自己的弱点，也许是自尊意识太强，不切实际，对现状感到不满于是选择逃避。为了使疯子的那些弱点找到合理的根据，于是之就把他设定为一个旗人子弟，唱单弦的。

接下来就是体验生活。为了了解旗人子弟，于是之打算找一个曲艺界的名宿去学唱单弦。通过了好几道手续的介绍，在一家游艺社的后台，他见到了老艺人。令于是之有些吃惊的是，那家游艺社的规模并不大，前后台一共只有五六间房子，三间大的是观众席和舞台，其余两小间就是后台了，这与传说中老人家的排场不太相符。那或许就是老艺人的一份坚持吧。当他说明来意以后，老人起初还肯教，但得知他"一段儿不会"，老人还是决定把他介绍给自己的一个学生，叫他到一家茶馆去找他。

于是之这么回忆当时的情形：

去茶馆的情形就更有趣了，——茶馆离宿舍很远，我是骑车去的，一身汗，心里还很急，像我们在找一册急于要读的书一样。在茶馆里，我与那位学生相遇了，人家并不着急，先与我拱手，通姓名，沏茶，替我斟上，又问我住在哪儿，寒暄寒暄再寒暄，我只是着急。好容易正题谈过了，他答应教我，我又问人家是否要报酬，人家答是'以文会友'。我已经又开始奇怪了。紧跟着问人家'在哪儿恭喜'，问之再三，答是'喇嘛，靠庙产吃饭'。——我很尴尬，看一眼茶馆里其他的客人，发现大家也都在看着我。

从这两次的拜访里，我发现了我和他们的距离是那么远，这也就是我和角色的距离也有那么远。从生活方式上讲，茶馆里的人，与程疯子是有血缘关系的。所以我也不急于单找哪一位去学单弦了，就这茶馆里所有的人都能对我有所帮助，使我有所领悟，于是我也就常到那家茶馆去了。

每天看着许多旗人子弟进进出出，于是之站在旁观者的角度观察着。这些人见谁都半鞠躬半请安地行一个礼，然后找个地方坐下，用一包茶叶，然后就相互间聊开了，还有的就下围棋消磨时光。茶馆里有个小台子，上面摆着几件大鼓、三弦之类的乐器，有时会有票友上去唱两段，台下有捧场的就应和几声，有的仍旧是聊，而下棋的就头也不抬。逐渐地，他开始融入了那种环境，他抓到了理解角色内心的钥匙。为什么老艺人会一直在那样简陋的环境表演？为什么有那么些人每天都在一家小茶馆里打发时间？于是之认为，这些人多少都有些与程疯子性质相同的特点，难以适应新的社会环境，只要找到一个能让他们温习故日生活的所在，哪怕地方再小再脏，他们也是愿意去的。

于是之找到了认识角色的方法，他这样分析程疯子的内心：既然在现实生活中找不到他的理想世界，只有缅怀于自己的过去，在脑子里孤零零制造出一个小天地来，自己勉强维持着，陶醉着；这样的人当然是不爱干活儿的，他住在那个杂院里，也只有和孩子们闹闹，把岁月打发过去算了。于是之最后还写了一篇6000字的程疯子小传，这次角色研究工作才算完成。

有了充分的准备，于是之的表演如预期的那样，十分成功，《龙须沟》的戏也很成功。程疯子让于是之一举成名。这个戏可以说奠定了北京人艺的基础，也奠定了于是之细腻真实的表演风格的基础。他在台上不是那种气势撼人的风格，而是不怎么张扬，也不显山露水，只在不经意间，把人物的神和气逐渐流淌出来，让人不断回味。

但程疯子式的成功，也在于是之心中留下了一个心结。于是之曾不止一次流露出了一种情绪：他所扮演的那些人物，包括那些获得过很大成功的形象，诸如《龙须沟》的程疯子、《茶馆》的王掌柜、《骆驼祥子》的老马……大都是一些小人物，基本属于小市民阶层。他在《一个演员的独白》中写道：

我没有受过专业的基本训练，声音、形体的可塑性都是极有限的；

生活的库存，我十分狭窄。市民，我稍微懂的多些。学者、干部以至于农民，我似有所知，但已经少得很可怜了；

对本民族的戏剧传统，我只是杂乱地读过一些剧本和有关这方面的书，并无真知；

话剧源于西方，我外语不行。有热心的外国朋友约我去他们那里访问，我

于是之是当之无愧的艺术家，论人品、论艺品，都是当代中国艺术界的典范，但他更喜欢自称"演员"，因为演员是他的职业，也是他的生命

拒绝了。我看不懂戏，也不能就专业方面同对方做直接的交流。只是作为一个旅游者跑出去东张西望，回来写篇空泛的礼节文字，那样的事我不愿意做，也不大会；

国外现代派的戏剧，据说颇热闹。国内翻译得不多，我读得更少，因此也就不甚了了。前些日子听说要批判，我只好沉默。

我的事业心就此停止了吗？不会，所以我仍要学习并做些我力所能及的事。

在新中国建立以前，许多传统艺人虽有一身的技艺，却始终被视为不入流的低下阶层。而像于是之种生于旧社会，成名于新中国的艺术家，仍然可以看到渴望摆脱旧式艺人的精神困境。

初次让于是之深刻体会到这种困境，是 1954 年排演院长曹禺的名作《雷雨》的时候。这个戏讲的是权贵阶层的家庭伦理纠葛，导演安排于是之饰演长子周萍。他找了一家名门望族去作采访，听人家说家世。在对谈中，他兴趣满满，

于是之饰演《龙须沟》
剧中的程疯子

发现了许多新鲜事，但回家之后却引不起任何思想上的火花，感觉那些事都是别人的，不像程疯子，能唤起他对市井街坊的生活回忆。周萍是个什么人，他是一个旧式大家庭的长子，父亲年轻时与侍女鲁侍萍相爱而生下了他，后来侍女被赶出周家；多年后，长大的周萍行为不正与继母私通，更可悲的是，他又与阴差阳错来到周家做侍女的鲁侍萍的女儿四凤相爱，铸成兄妹伦乱的大错。

　　如此一个悲剧性的人物，令年轻的于是之难以理出头绪。他究竟要演给观众的是什么，同情他，还是厌恶他？许多问题在他脑里打转却没有形成任何形象的东西，没有回旋的余地，要么是好、要么是坏，似乎必须得出一个简单的结论来，否则就无法走下去。问题得不到解决，没有办法接近角色，到了排演时他完全陷入穷途末路。有一次在排练中，他因为站着的两条腿不对，

于是之饰演《茶馆》剧中王掌柜

导演竟蹲下来掰他的腿，他当场就羞愧难当。

磕磕绊绊地排演了一阵子后，《雷雨》公演了。多演几场，他多少松弛了一点，但也没有大起色。对他来说，这是遗留下来的一个创作上的伤痕。那段时间，每当人们称赞他程疯子演得好时，他心里总是有些不痛快，不由地联想到演周萍的失败，似乎自己只能演好升斗小民。

如今回过头来看，于是之还是成功地饰演了各类不同的角色的，而那几个名垂中国话剧史的市民形象，除了于是之的表演技艺功不可没，剧作本身也是几十年难得的好作品。所以，成功的表演和优秀的剧作是相辅相成的。

其实，于是之的文化修养是很深厚的，时常练书法，写文章。他少年时就习字，还做过抄写的工作，有一定的童子功。而他的散文更是被人称道。他写的《幼学纪事》曾在上世纪90年代被收入高中语文教材。从文章的开头，我们能体会到于是之特有的朴质与幽默：

　　我出生于一个完全没有文化的家庭，跟着寡居的母亲和祖母过日子。女子无才便是德，所以她们都绝对地一字不识。那时形容人们无文化，常说他们连自己的名字都写不出，我的祖母和母亲则更彻底，因为她们压根儿就没有名字。家里的藏书每年一换，但只有一册，就是被俗称为皇历的那本历书。她们只能从书里的图画中数出当年是几龙治水，借以预测一年的天时。至于全年的二十四个节气都发生在哪一天，和什么时辰，编书人未能置为图像，她们也就自然辨认不出了。

　　一个人若质朴胜过文采，就流于粗俗；文采胜过质朴，则虚伪、浮夸；而质朴文采配合恰当，才是"文质彬彬"。于是之追求艺术的真诚配合着文字中的闲散、幽默，有理有节，自有一番个人魅力。

　　回望20世纪的演员，大致可以划分出三类。第一类是中国电影第一个黄金期的明星，代表人物如蝴蝶、阮玲玉、周璇、赵丹、金焰、石挥、舒绣文、上官云珠等。他们在1949年以前已经在电影界或话剧界享有声誉，拥有自己的知名代表作，虽然有些人在新中国文艺界仍然延续辉煌，但总的来说他们属于第一类。第二类就是新中国成立后至改革开放之前成名的一批演员，以孙道临、谢芳、田华、于蓝、陈强等为代表，这一代演员分布在全国各地的话剧团和电影厂，他们当中虽然有的人在1949年前就已经开始演戏，有的还没来得及出名，而有的来自"根据地"，所以名气也有限，但到了五六十年代便开始大放光彩。第三类则是80年代以后各大艺术院校毕业的演员，成为中国电影第二个黄金期的弄潮儿。

于是之属于第二类的演员。在 1949 年至"文革"的 17 年里，因为极左的阶级斗争潮流还未发展到极致，他得以在文艺上有限度地有所作为。虽然当时的作品带有较强的时代局限性，但在文化交流相对闭塞的年代，还是给人们的文娱生活带来了极大的满足。而于是之主演的话剧《茶馆》则是其中艺术成就最为突出的一部作品。北京人艺的第一代艺术家都因为这出作品的不朽，在中国舞台留下了永恒的形象。

老舍 1957 年写的这个话剧《茶馆》并不切合当时的思想改造运动的主旋律，因此受到不小的政治批判。但这仍掩盖不了其艺术的光辉。剧中以北京茶馆为背景，描写出没其中的社会各色人物，通过在清朝末年、军阀割据时期、抗日战争胜利后这三个历史时期五十来年中茶馆里各色人物生活上的变迁，反映社会的变迁。这个三幕剧的哀伤气息极其浓郁，满眼都是些旧时代的灰色人物，像是一曲历史的挽歌。遇上像《茶馆》这样超越时代局限的作品，是一个演员的福分。于是之不仅有此机遇，而且饰演了整个戏的主角茶馆掌柜王利发。他不负众望，细腻入微地传递出这个人物随波逐流却又无可奈何，感世伤怀但不绝望消极的人物基调，成为他一生最成功的代表作。

1966 年以后，由于政治环境的原因，北京人艺基本上停止了演出。

1980 年代，中国经历十年浩劫后又恢复正常，北京人艺也迎来了的第二春。于是之重回舞台，除了继续话剧表演外，还参加了电影《丹心谱》《大河奔流》《茶馆》《秋瑾》的拍摄。有趣的是，于是之一生演过两次毛泽东，而且两次都创造了中国表演史上的第一次。第一次是在 1951 年出演歌剧《长征》，让毛泽东的形象第一次出现在舞台上；第二次就是 1978 年出演电影《大河奔流》，则是第一个在银幕上的毛泽东形象。

虽然重回了舞台，但于是之的工作重心渐渐发生转变，他开始担任人艺舒庆春，字舍予，笔名老舍，生于北京，中国现代小说家、著名作家，杰出的语言大师、人民艺术家，新中国第一位获得"人民艺术家"称号的作家。著有长篇小说《小坡的生日》《猫城记》《牛天赐传》《骆驼祥子》《茶馆》等，短篇小说《赶集》等。老舍的文学语言通俗简易，朴实无华，幽默诙谐，具有较强的北京韵味

剧本组领导。人艺需要什么，该什么样的戏好看，于是之是内行，他心里清楚。他着意培养青年创作人才，建立起了实力精悍的创作团队，人称"人艺小作协"。他还积极参与每一个剧本创作的过程，从选择题材、结构提纲、人物设置、语言文字润色到反复修改定稿，都倾注了他的大量辛劳。在他的努力下，北京人艺在整个 80 年代的剧作成果颇丰，如《绝对信号》《天下第一楼》《狗儿爷涅槃》《小井胡同》《李白》《旮旯胡同》《吉庆有余》《谁是强者》等十余部优秀剧目都获得了全国或北京市各类艺术奖项，演出也都取得观众的热烈的反应，为北京人艺新添了不少保留剧目。

舒绣文：舞台上的一颗珍珠

走进北京人艺排练大厅，可以看到高高悬挂着的"戏比天大"四个大字。这不是一句口号，而是植根于每个人艺艺术家心中的传统。

新中国成立后，全国第一次评级评薪，文艺工作者的级别共分 16 级，最高的一级演员全国只有赵丹、金焰、白杨、舒绣文四人。这一级别的电影演员，是那个年代当之无愧的大明星、大腕，但他们并没有因此显出什么明星的架势。比如从电影转入戏剧的舒绣文。1957 年，她调入北京人艺，第一次登台演的却是一个没名没姓没什么台词的女学生。当时，刚到人艺的舒绣文急着想要熟悉一下舞台，可排演中的《风雪夜归人》主要演员都已经定了，只剩下这样一个小角色。但她丝毫不介意，非常认真地排练，第一场彩排下来，她还略带兴奋地对导演欧阳山尊说："我好紧张，手都冰凉。"

不久，欧阳山尊准备排演苏联鲍哥廷的《带枪的人》，舒绣文申请说，我想上。欧阳山尊说，这个戏只有三个女性角色，而且都已定好了演员，还剩一个打字员的角色，但没有台词。"那我就演那个打字的"，她马上说。

打字员出现的那场戏是男主角列宁的独角戏，打字员只是一个"背景"。对舒绣文来说，几乎没有任何发挥的空间。但人们很快就发现，这个打字员不一般。她不是机械地坐在那里打字，而是通过打字机的声音为现场制造一些音响效果。当列宁因心情紧张而走动时，打字机的声音节奏就较快，而且能清晰地发出"滴滴答答"的声响；当列宁心情平静地说台词时，打字的声音就很小。

一次，一位保加利亚的戏剧专家来看《带枪的人》，注意到了这个细节，特意问欧阳山尊："那位坐在舞台后面打字的女演员是谁？"欧阳山尊回答说：

"她是我们这里最好的演员，自愿演这个没台词的小角色。"那位戏剧家激动地说："大演员演这么一个没台词的角色？简直太不可思议了。你看她的腿，她的手，我就看出她不一般。你们国家有这样的好演员，可真了不起！"这真是行家看门道，台下有知音。

舒绣文这种主动演小角色的事，在整个北京人艺引起反响，大家都很感动。后来，竟形成了北京人艺的一个风气，一些大演员凡有空时，都会主动地跑龙套、演配角。这是一种对艺术的赤诚热爱，大演员能演没台词的小角色，那是因为他们热爱自己从事的这份事业，愿意为人艺的艺术殿堂添砖加瓦。

舒绣文原本是电影演员，在 20 世纪 30 年代开始在上海拍电影。要说舒绣文长得并不算漂亮，但是她的眼睛特别黑、特别亮，非常有神采。皮肤白皙，善于修饰，会穿衣服，风度特别好。她演戏时，注重对角色思想、感情、心理的悉心揣摩，通过准确的感觉和丰富的细节来刻画人物，赋予角色鲜明、强烈的性格光彩。所以很多电影导演喜欢找舒绣文来演自己的电影。民国大导演李萍倩在初次看了舒绣文的表演时就说："绣文这颗珍珠，就要在影场上闪亮发光了。"表演艺术家秦怡后来回忆舒绣文，也称赞她演戏是在"着重塑造人物"。

舒绣文的确是一位靠自学成才的高超的性格演员。她原名舒彩云，曾用名许飞琼、许慎、苏谦。原籍安徽省黟县。1915 年 7 月 16 日，她出生在安徽安庆市一个清贫的教师家庭，6 岁时随父亲到北京居住，12 岁始在学校的演出中登台，因此说得一口标准又好听的国语。1930 年，舒绣文刚上初中，父亲得了肺结核，那在当时可是不治之症。她不得不因此而退学，担负起养家的重任。她当过舞厅的伴舞女郎、饭店的侍者。因为国语说得好，被电影业人士发现，进入了上海的天一影片公司当剧务，后来又进入艺华电影公司。1934年，舒绣文19岁，进了明星影片公司，演员生涯开始稳步推进。她先后主演了《夜来香》和《新旧上海》，并在《女儿经》《劫后桃花》《大家庭》《兄弟行》《四千金》《热血忠魂》《清明时节》《压岁钱》《摇钱树》等十几部影片中扮演角色。

与此同时，舒绣文还参加了"上海业余剧人协会"，出演话剧。如在曹禺的名剧《原野》中扮演金子，在奥斯特洛夫斯基的《大雷雨》中塑造了卡巴诺娃，等等。抗日战争时期，舒绣文一直是积极响应抗战的进步演员，先后在国统区演出了《前夜》《中国万岁》《古城的怒吼》《夜光杯》《棠棣之花》《虎符》《蜕变》《天国春秋》等进步话剧，同时，她还拍了电影《保卫我们的土地》《好大夫》《塞上风云》《血溅樱花》等影片，可谓戏路宽广，中、外、古、今的正反面角色，悲剧、喜剧人物，都在她稳健的掌控之中。因此，舒绣文在当时享有"四大名旦"之一的盛誉。抗战胜利后，舒绣文在1947年拍摄了著名电影《一江春水向东流》，更是被媒体冠以"抗战夫人"的称号。

1949年后，舒绣文和许多追求进步的知识分子一样，以万分热情来迎接中国历史的新篇。她加入上海电影制片厂，参加了电影《女司机》《一场风波》《李时珍》的拍摄。接着，各种改造运动接踵而来，为了响应号召，舒绣文也全情投入到"上山下乡"中去，下基层体验生活。但她毕竟是女演员，田间地头的体力活很快把她累垮了，得了风湿性心脏病，再难以承受风吹日晒的电影拍摄工作。消息传到了周恩来那里。总理发话，舒绣文不能拍电影，还能演戏。于是在1957年初，舒绣文正式被调到了北京人民艺术剧院，给她分配的房子就在史家胡同人艺大院里。

舒绣文抱着极大的工作热情，先是客串了一些小角色，然后很快就挑起了大梁，先后塑造了《骆驼祥子》中的虎妞、《关汉卿》中的朱帘秀、《伊索》中的克丽娅等大戏的重要角色，将电影表演生涯的成功延续到了话剧舞台。

如前所讲，周恩来曾两次造访史家胡同人艺大院，第二次就是专程去看望舒绣文的。

在抗日战争时期，周恩来由于统战工作的需要结交了一批文艺界的朋友，舒绣文就是其中之一。1959 年秋，全国人民正投入到如火如荼的大跃进运动中，舒绣文偏偏又在这时心脏病复发，这让她心急如焚。

周恩来得知这一情况，就在一个周末的晚上，事先没跟任何人打招呼，就来到了人艺大院。舒绣文和其他同事真是又惊又喜。周恩来关切地询问了舒绣文的病情，又问吃药后的效果如何，还细致地了解了舒绣文的饮食情况，那神情态度，完全是对一位老朋友的关切。

周恩来微笑地说："绣文同志，俗话说得好，留得青山在不怕没柴烧。你可别着急啊！要安心养病，保存好力量，才能迎接新的更大的跃进！"临走时，他又嘱咐舒绣文的同事："绣文是你们的前辈，也是国家的财富，要注意她的劳逸结合。明天我给她送些药品和必需的营养品来。"果然，第二天周恩来的夫人邓颖超亲自送药来了。面对总理夫妇如此一片厚爱，舒绣文感动得潸然泪下。

舒绣文为人也一向诚恳、善良。她调到人艺以后，发现大家的级别待遇都比她低（一级演员享受正部级待遇），加上自己带着病，心里很是不安，几次打报告要求降低自己的级别，但一直没有被批准。但即使进步、善良如舒绣文，在"文革"时期也没躲过批判。1969 年，舒绣文因病亡故，这年她54 岁。一代名优的一生就此戛然而止。

舒绣文，1933 年从影，1938
年后在重庆任中国万岁剧团、
中华剧艺社演员

蓝荫海：深入生活的胡同剧作家

　　曾写出《吉祥胡同甲五号》《如意胡同》《旮旯胡同》的国家一级编剧蓝荫海，是北京人艺最早的成员之一，现在仍住在史家胡同 56 号院。他见证了北京人艺数十年来的发展历程，他的青春都献给了北京人艺，而北京人艺也成就了他的一生。在他眼中，北京人艺的精神传统一直保持着，并且将传承下去。

　　蓝荫海 1931 年出生在北京西城区包头章胡同的一个四合院里。那是一个

话剧《风雪夜归人》中，舒绣文（左二）饰演
俞小姐，蓝荫海（右一）饰演陈祥

很小的胡同，全长也就百余米，住着十多户人家，没有达官显贵，几乎没有车辆来往，除了早晚出入的居民和送水卖菜的声响，其余的时间这个胡同都非常安静。蓝荫海就在这里平静地长大。和别的普通人家的孩子没有什么不一样，摆在他面前的未来就是安静地念完了小学，念中学，或许再上个大学，找个能养家糊口的工作。

但是母亲的早逝，在他幼小的心里种下了敏感的种子，令他比身边的孩子多了一份观察世界的眼光，用来填补内心世界里的某一块缺失。一堂语文课吸引了他的注意。当时的语文课本里有《雷雨》《日出》节选，他的语文老师恰巧是曹禺的崇拜者，于是非常细致地给学生分析了剧本中的故事情节、人物性格、语言特色和主题思想。他给曹禺的评介，给蓝荫海留下了深刻的印象。他说："曹禺在中国现代文学史上是排在前列的杰出剧作家，他是文学大师，他的作品展现了'五四'新文学的主题，对旧中国的封建主义与黑暗势力进行了猛烈的冲击。"于是，蓝荫海到图书馆借来曹禺的剧本细读，被作品中诗一样的语言深深打动了。蓝荫海开始对戏剧文学产生了浓厚兴趣。

帮助蓝荫海进一步接触戏剧的，是他的四叔蓝玉崧。这位四叔不简单，在新中国成立前就是北京大学中共地下党的支部书记。经四叔介绍，蓝荫海每到假期就到师范大学的一个补习班。说是补习班，其实就是在向青少年宣传进步思想，主要通过进步戏剧、歌咏等文艺节目的排练活动，启蒙他们的民主革命意识。这正是蓝荫海所需要的，将自己投入到一个全新的精神世界中去，释放心中的情感。他排练过反映国民党黑暗统治的活报剧《万税万税》《朱警察查户口》（活报剧是以及时反映时事以达到宣传目的一种宣传表演方式，在战争时期比较流行，起到"活的报纸"的效果），还排练过一些革命歌曲大合唱，还有时得到补习班老师的机密通知，到一些大学礼堂观看地下党搬演的延安革命歌剧《白毛女》的选场短剧。能如此近距离地得到革命的启蒙教育，这对蓝荫海来说，实在是一件意义重大又非常时髦的事情。

1951年，蓝荫海不满20岁，正为下一步人生走向开始思虑。一次偶然机会，他看到报纸上刊登了北京人民艺术剧院招考广告。在民国时代，各大院校都独立地组织招生录取，考生只要见到招考信息就可以主动报名。在新中国成立初期，这一制度还没有彻底改变。蓝荫海一看是"艺术剧院"，以为是个专科大学就报考了。考试的内容有作文、口试和即兴表演。这对于早已有文艺表演经历的蓝荫海自然不是难事，加上标准的北京话发音，他很顺利地被录取了。

到人艺报到的第一天，还闹了个笑话。本来通知蓝荫海去找一个叫于村的从延安来的编导报到。蓝荫海来到史家胡同人艺大院，一到办公地点，一个身材高大的青年接待了他。此人看上去成熟稳重，还自称姓于，蓝荫海就以为是于村了，赶紧称呼"于团长"。此青年连忙摆摆手说："哎呀呀，我可不是团长，我叫于是之。"当时于是之已经主演《龙须沟》，是冉冉升起的新星，其实只比蓝荫海大4岁，但毕竟是成熟的演员了，身段、气势都很有模样，也难怪初出茅庐的蓝荫海会认错人。此次"小误会"也开启了两人之后数十年的友谊。

进入人艺的第一课就是看《龙须沟》的演出。相比之前蓝荫海看的那些小话剧，这出戏真是名副其实的大戏，也把他看踏实了，心甘情愿地扎根在北京人艺这片沃土上。他的首个表演工作就是1953年参加《龙须沟》的复排，并且一开始就有幸体验了焦菊隐的话剧排演方法。虽然只在戏中扮演一个群众角色，但对于二十出头的他来说，体验大戏的排演氛围，培养舞台经验，都是演员内在修炼的功课。

人艺建院初期，副院长欧阳山尊率领一批演员到基层体验生活，首先来到的是北京天桥附近大众铁工厂。为了和工人们联欢，领导发动年轻演员们自创小节目。同志们的热情一时间就高涨起来，快板、相声、歌唱等节目纷纷上演，当然，还少不了话剧。蓝荫海与同行的几个青年演员根据来厂的生活体验突击写了一个独幕剧《夫妻之间》。没想到演出效果很好，连院长曹禺也给予肯定的评价，还特意写了评介文章：

蓝荫海，中共党员。1949年参加工作，曾任华北煤矿文工团演员，北京人民艺术剧院演员、编剧、创作室主任

　　有一种作品，主题很大，人物众多，占用篇幅数百页，但读后给人的印象是杂乱而空虚的，不说明什么问题。另有一种文章，也许只占用你一刻钟的工夫去读它，但它认真地提出了一个重要的，也许是一个不大的问题，作者写得有形象、有逻辑、有感情，鲜明而亲切，有一定说服力，由头到尾总使人感到作者是老老实实在真实的生活中下了一番工夫去体验，才写出来的。剧本《夫妻之间》就是具有这些表现的一个作品。它亲切、生动、有真实生活的气息。

　　曹禺将这个剧本推荐给杂志社发表，还获得了1952年"全国独幕剧征文奖"。之后全国有5个出版社陆续出版了单行本，这个戏也被作为北京人艺首次公演的四个小戏之一进行演出。很快，该戏还被政府选中，赴朝鲜战争前线进行慰问演出。临行前的欢送会上，曹禺来了。他从家里拿来了一坛北京市长彭真送给他的绍兴酒，为年轻演员们践行。这是蓝荫海首次与曹禺接触，童年时代的文学偶像站在他面前说着一些鼓励、关心的话，这对他来说无疑是一个极大的褒奖。激动化为积累前进的动力，在未来的几年里，蓝荫海努

于是之与蓝荫海

力地演戏，平日还练习写快板、短文章、小剧本。一切都在进步中。

到了 20 世纪 60 年代，在多出戏里摸爬滚打的蓝荫海已逐步成熟，但他没想到还有一个人生转折在等着他。一次，院长曹禺提出北京人艺应该培养一支年轻的编剧队伍。而蓝荫海有过一些写短文的经验，于是被领导选中，并在 1964 年被调到了剧本组，正式成为一名专业编剧，并能有幸接受大师的言传身教。

当年人艺接到上级交的一个任务，要以副食品商店女劳模的先进事迹为题材写一个剧本。于是，曹禺带着蓝荫海走进商店，与店员们同吃、同住、同劳动，深入体验生活。

结束了体验生活，曹禺开始指导蓝荫海写剧本大纲。起初在曹禺家里写，可是电话不断，不是叫他去开会，就是要去陪某个领导或外宾，行政任务太多。曹禺就带着他搬到颐和园里的剧协休养所去住，白天集中精力写作，晚上在昆明湖边散步聊天。蓝荫海就这么听曹禺讲述自己的创作经验、文学感悟，听他聊聊莎士比亚，讲讲易卜生，说说《雷雨》是怎么写的。曹禺告诉他，写戏不一定要按部就班一幕一幕地写，可以跟随情绪走，构思到情节最有戏、最感人处，就先写下来，然后再把这些精彩的片段慢慢地串起来。那时聊天的内容使蓝荫海以后的创作生涯受益颇多。但没多久，"文革"爆发，蓝荫海的编剧生涯就往后推迟了十几年，直到20世纪80年代，他才迎来了厚积薄发的创作高峰期。

在这段时期中，他先后创作了话剧《你争我夺》，电视系列剧《吉祥胡同甲五号》（与他人合作）、《立体大杂院》、《如意胡同》，系列小说《同仁堂传奇》以及电视连续剧《同仁堂传说》。蓝荫海的写作老师除了曹禺，还有北京人艺的剧本。《龙须沟》《茶馆》等一批描写北京生活的戏，最是蓝荫海的精神向往。环境是良师。蓝荫海生活在北京这座历史悠久、韵味幽长的古都，胡同杂院就是舞台，街坊邻居就是明星，实实在在地生活在其中，熏染着蓝荫海，也造就了蓝荫海。

一次，为了反映关于胡同旧房改造的主题，他走进一些小区、街道、胡同，寻找素材。这种讲述民生热点的"命题作文"，要想写好，难度很大。从哪儿下笔，蓝荫海一时也挺苦恼。他就一头扎进危改办公室，每天跟着公务员一起工作，观察他们的工作环境，了解他们的工作内容。有一天晚上，他们还在加班，拆迁科长接待了十几个拆迁户，已经口干舌燥、嗓音嘶哑，刚泡下一杯胖大海，坐下来歇了会儿，又来人了。

来的是一位七十多岁的老太太。老太太看上去很恼，冲着科长就说："一进门，我就憋气！"

科长明白了，这老太太是来发难来了。科长忙陪笑脸："大妈，您弊气不是？我开窗，您先透气，慢慢消气。"

老太太不依不饶，指着科长的鼻子就说："告诉你，我可有心脏病！今儿个房子要定不下来，我死给你看！"

只见科长不慌不忙，"大妈，心脏病不怕，我这儿有药"，从口袋里拿出两个药瓶，"这是硝酸甘油，是救心丹。"

老太太愣了，再有什么埋怨也不好意思说出口了。

这一戏剧性的一幕，被蓝荫海捕捉到了。和解的原因有很多种，甚至多数不是因为理解，而是无可奈何，但这不正是真实的生活吗？蓝荫海将这一幕写进了话剧《旮旯胡同》。结果《旮旯胡同》演出了 140 多场，深受各方好评，并荣获中宣部"五个一工程奖"，又夺得文化部文华大奖和文华剧作奖。

朴实平易的生活实感，凡人小事的哀乐苦甜，蓝荫海关注那些生活中人们熟视无睹的胡同里的人和事，创作了一系列描写胡同生活的剧本，堪称"胡同剧作家"。

退休之后，蓝荫海依然笔耕不辍。他说："我出生在北京的胡同，又在史家胡同生活了几十年，用我的笔描写胡同的生活，是我最高兴的事情。"他大力协助史家胡同社区的文化活动，为社区创作小剧本。

一次在胡同遛弯时，他发现胡同口新修的盲道上堆放了许多障碍物，严重影响了其使用功能。这激发了蓝荫海的创作冲动。他设计了一个小学生利用假日宣传交通安全，与一个社会青年发生冲突的故事，很快写完了一个独幕剧本《在盲道上》。送到社区居委会，由居委会干部自己排演后，在街道办的文艺演出中获得了观众的热烈欢迎。2010 年，朝阳门地区居民组成了一个"蓝天剧社"，蓝荫海接受了邀请担任社长，编剧、导演、剧务……身兼数职的他深知晚年时间的珍贵，也乐在其中。

如今，已入耄耋之年的他时常走在史家胡同的巷道里，那里有时安静得能听见自己拄着拐杖登在路上的声响。累了他就坐下来歇会儿。时间和路人

1954年蓝荫海在《日出》
剧中饰演小顺子

从他身边流过，由他那安详的目光、凹陷的眼睛、微微颤动的嘴巴仿佛可以看出，岁月已经驻进他的体内，他完全沉浸在往事中，他的精神连接着这片天地的往昔、今日和未来，仿佛那些人和事都还在，仿佛那些故事还没讲完，还要不断演下去。

老北京的
叫卖组成了曲①

麻花儿烧饼呃——麻花儿烧饼

喂！买大小——哎小金鱼儿来——

茄子咧黄瓜唉，架扁豆，还有点儿辣青椒哇——

近年来，路人从史家胡同居委会门前经过，不时会听到"小商贩们"此起彼伏，一阵一阵高亢、婉转的吆喝声。有人还误认为是一处新开张的农贸市场。非也！其实这是北京人艺几位离退休的老艺术家正在辅导社区居民排练一个名为《老北京叫卖组曲》的文艺节目。

该节目在社区首演后，受到观众的好评，胡同里老街坊说："这个小节目京味十足，绝！真不知他们怎么琢磨出来的。"笔者既是当年参加编创与

---

① 本文作者为蓝荫海老师。

1952年春，人艺演员到北京农机厂参观，现场即兴演唱《龙须沟》中叫卖吆喝声。左起：蒋瑞、李翔、英若诚、牛星丽、于是之、蓝荫海、董行佶；指挥：李滨

表演者，又是如今的传播者（居委会级艺术指导），所以我将《老北京叫卖组曲》的来龙去脉向热情的观众们作一番表述。

"英大学问" 解围农机厂

《老北京叫卖组曲》虽是个小节目，可是来头不小！追本溯源却是来自北京人艺的保留精品话剧《龙须沟》。《龙须沟》编剧是老舍，导演是戏剧大师焦菊隐。剧情真实生动地反映了北京龙须沟地区劳动人民的生活。1951年首演轰动京城，为北京人艺现实主义、民族化的艺术风格奠定了坚实基础。

该剧在排戏过程中，导演焦菊隐先生为准确展现特定环境中的地域特色及浓郁的生活气息，提出要在幕后安排出现各种小商贩的吆喝声和一些响器的敲击声的舞台效果。负责这项工作的组长就是后来成为表演艺术家的英若诚先生。当时，他带领几位青年演员走街串巷追踪小商贩，模仿吆喝声，回到排演场按照导演焦菊隐的要求，"叫卖声不可单纯地技术模仿，而是要随着剧情发展及人物思想行为的变化，起到烘托陪衬作用"，经过反复练习运用于剧中达到惟妙惟肖的舞台效果。

1952 年北京人艺去农机厂参观，工人们热烈欢迎演员们唱歌。可唱歌不是话剧演员的长项，事先又没有准备，唱啥呀？当时，还是那位素有"英大学问"雅号的英若诚同志出了个急就章般的主意，让在场的《龙须沟》剧组的于是之、英若诚、牛星丽、李翔、蓝荫海、董行佶、蒋瑞等几位演员，站在一排，由李滨指挥，大家齐声演唱《龙须沟》幕后小商贩的吆喝声。这临时拼凑的小节目，竟然得到了观众的热烈鼓掌和高声叫好！

骆驼祥子融入"组曲"

演出过后，剧组同志们从这次意外的收获中，得到了启迪。大家反复琢磨、研讨，对这个无名的小节目进行了艺术加工，再创作。将原有那些零散单调的吆喝声，经过认真梳理，分别归放在老北京某一天从早到晚的规定情境中，按时序排列：如早晨可出现卖菜的，卖早点的，卖报的……午间可以出现卖雪花酪的，卖冰棍儿的，卖小金鱼的，磨剪子磨刀的……晚上可出现卖臭豆腐的，卖卤煮炸丸子的，卖落花生葵花籽的，卖硬面饽饽的。透过这些不同行业的小商贩，在不同时序中的叫卖声，所组成的一支"组曲"来展现纷纭驳杂的老北京市井生活风貌。

为了加强"组曲"的音乐性，将吆喝声分成男女不同声部，有独唱、有齐唱，有强音、弱音处理，并特邀剧院的效果专家冯钦同志配器，将老北京小商贩所使用过的响器"惊闺""唤头""冰盏""小云锣""小皮鼓""小梆子"等融入"组曲"演奏，起到增加行业特色的作用，使观众产生意外的审美享受。

这个小节目纯属《龙须沟》的副产品，所以最初暂定名《龙须沟叫卖组曲》，后来因增添了话剧《茶馆》和《骆驼祥子》的幕后叫卖声，又更名《老北京叫卖组曲》。总之是北京人艺集体智慧的结晶。《老北京叫卖组曲》北京人艺的老、中、青几代演员都能演唱，成为人艺的保留节目。"文革"前曾在各种晚会上表演，进过人民大会堂、首都剧场，也去过工厂车间、农村地头，很受各界观众欢迎。

央视春晚传出"叫卖声"

1962 年应中央电视台之邀《老北京叫卖组曲》参加了《笑的晚会》栏目演出，为广大电视观众增添了富有京城韵味的乐趣。不料，此次演出在"文革"中却遭到点名批判，将《老北京叫卖组曲》定为大毒草。"文革"后，中央电视台 1983 年春节晚会，特在北京人艺设了分会场，此次导演恰是 1962 年《笑的晚会》那位导演许欢子同志，她当场特邀北京人艺于是之、英若诚、童超、童弟、朱旭、林连昆、李翔、黄宗洛、牛星丽、杨宝宗、孟瑾、田春奎、蓝荫海等一批著名话剧演员登台演唱，由李滨持棒指挥，向全国播放，播出后引起观众热烈反响与好评。著名画家吴冠中大师观后在《北京晚报》撰文：

"春节之夜，在众多令人欢笑的电视节目中，我特别喜爱人艺合唱团的叫卖，腔调逼真，节奏组织得十分和谐。在美的享受中我被带到了几十年前，初到北京的回忆中，在街头巷尾处处听到的叫卖声，尤其是在寒夜、霜晨这些叫卖声更感人心肺，声腔是美的，是智慧的创造，但大都诞生于苦难的生活。人艺合唱团的这个叫卖从一个新的角度展示了一幅解放前北京劳动人民的广阔生活画图，对生活的发掘是深刻的，意境深远！"更可喜的是这次强大阵容堪称"绝唱"的演出音像资料，后来被"人艺博物馆"收藏，永远保留。

光阴荏苒，五十多年前曾参加过《龙须沟叫卖组曲》演唱，而今仍居住在史家胡同的几位同志，我们都已年逾耄耋。在改革开放的日子里，老有所为，将这个节目移植到社区，与老街坊们共同为活跃社区文化生活作贡献。如今《老北京叫卖组曲》已成为史家社区的优秀品牌节目。它不仅受到广大居民的喜爱，同时也引起国际友人的兴趣，很多来这里的外国人观后都饶有兴趣地学唱：麻花儿烧饼；甜酸豆汁……

人艺大院里的这棵老榆树，据说已有 200 岁了，可对于古老的北京城来说，这并不是一段很长的光阴。王朝更替，战乱兴衰，从鲜衣怒马的达官贵人，到胡同里的寻常百姓，人世风景里的欢笑和哭泣，也只不过一瞬间。走过 700 米史家胡同往事不在，老榆树却时时出现，这如意门楼里住的都是什么人，三进院中来的常是哪家客，你来我往都留下怎样的回忆，只有老榆树知道，可它从来不说（史家胡同 20 号院）

旗袍师傅

百年旗袍

史家胡同 25 号是一个大杂院，里面住着一位叫曹森林的老人，因为专做旗袍，大家都叫他"旗袍师傅"。老曹师傅从 10 岁开始学艺，和旗袍打了一辈子的交道。老伴傅秀红，自 22 岁嫁到曹家，则一直为老曹当助手，负责所有边角的针线。2015 年，老伴去世，年逾九十的老曹缺少了帮手，旗袍生涯也即将收官。

虽说两位老人住的房子和门口挂的招牌并不起眼，却有着他们值得自豪的历史。这里曾经接待过不少名人，从老一辈的政府高官到著名知识分子、文化人、商人以及他们的子女，再到普通老百姓，造访者络绎不绝。不少媒体都来采访曹师傅，包括报纸、杂志、电视台，都来给他做过专访。说到史家胡同的"旗袍师傅"老曹，已成为代表老北京传统文化生活的一处风景。

史家胡同 25 号院
旗袍曹师傅

许多外国人看了宣传，也慕名而来，他们通常拿着印有老曹照片的杂志来到胡同里，找到老曹，核对无误之后，便表达倾慕中华传统风采之意，也希望老曹为他们量身定制一套中式服装。

旗袍，原是满族妇女的传统礼服，进入民国以后，在款式上作了很大的改进。新式旗袍的款式为直身，收腰，下摆的两边开衩，展现女性的曲线美，在上世纪 20 年代后逐渐在中国妇女中流行起来。进入 50 年代以后，随着社会意识形态的转变，人们的穿着从款式到颜色都变得十分单一，旗袍也渐渐销声匿迹。改革开放之后，人们的审美情趣重新丰富起来，旗袍也渐渐回到妇女的衣柜中，光顾旗袍店的人也多了起来。但是由于旗袍的下摆较为窄小，

旗袍，原是满族妇女的传统礼服，进入民国以后，在款式上作了很大的改进。新式旗袍的款式为直身，收腰，下摆的两边开衩，展现女性的曲线美，在上世纪 20 年代后逐渐在中国妇女中流行起来

不适合乘公交车或骑自行车的职业女性，故日常穿着旗袍的人不多，旗袍主要还是作为一种礼服，如出席公众活动、婚礼等。

新中国成立前，老曹和老伴搭伴经营裁缝店。新中国成立后，公私合营，老曹进入的中华时装公司，给车间工人做技术指导。其实老曹不只是做旗袍，只要是传统中式的服装都拿手。一直干到退休，公司还不让老曹闲着，每每有重要的订制任务，还要找他回车间指导，生怕工人剪错了一刀，就是真金白银的浪费。退休后，曾经有一个法国服装公司专门开辟中式传统服饰的部门，想聘请老曹作为技术顾问。那会儿正赶上改革开放的热潮，如果老曹那时也出去闯一番，或许将是开辟人生的又一个境界。可是当了一辈子传统手艺人的老曹，还是没迈出这一步，将一生留在了古树绿瓦环抱的胡同里，可谓知足常乐。

传统中式服装与西式服装有个区别，西式服装通过内里的硬衬、垫等辅助材料形成一个棱角分明的版型，而中式服装却没有这些造型手段，只能通过裁剪的得当展现身形的流畅感，再通过边角的针线加工，保持版型的不走样。要制作一套好的中式服装，所要求的一系列工艺都要非常过硬，这也就是老曹师傅的存在为何如此珍贵的原因了。他代表了一种正在消亡的古老而高贵的手工艺术。

老曹一生阅人无数，从马连良、徐邦达，到荣毅仁、乐松生等等。老曹不仅为这些名流做过礼服，他自己也与名流有沾亲带故的关系。虽然有着便利的人际资源，但老曹本性则是一个安分守己的实诚北京人，不卑不亢，自在自足，在史家胡同里住了一辈子，非但没人说过他老曹半个不好的，反而都夸他的心善。在"文革"时期，他时常会帮助那些政治上受到冲击，以致深陷困境的老大宅门的主人。

对外，老曹是老好人；对内，老曹更是传说中的好男人。与老伴相濡以沫一辈子，老曹为妻子打理好了生活上的一切。吃穿用度，他都给妻子准备好；家里的一切事务，也不用她操心。老伴一生安心地窝在老曹的庇护下，给他打好下手，两人就如此相敬如宾地度过了一生。

2015 年 6 月的一个午后，一位青年女子来到老曹家，希望曹爷爷能给她做一件传统旗袍，赶赴朋友的婚宴。老曹已入耄耋之年，加之老伴一个月前刚过世，身体显得更加滞重。为了老人的身体健康着想，儿女们已经推辞了很多求做旗袍的来访者。而这位青年女子也极有可能将成为老曹的最后一位顾客。女子说，她也是朋友向她推荐了曹爷爷，说他的手艺是极好的。她也觉得自己很幸运，还赶在爷爷收官之前做这么一件旗袍。她穿上了做好的旗袍，布料是她自己选的，老曹为了她的腰身特地留了一些富余，不让她穿得显得太紧。女子问，腰的部分是否还需要收一收。老曹告诉她，旗袍不能穿得太贴身，不然坐下来不方便。他告诉女子，坐下时旗袍要稍微往上提一提，然后坐的时候要注意身形挺直，而且不要坐得太深，旗袍的线条才能较好地展现出来。女子就像小孙女一样，乖乖地听曹爷爷的教导，然后带着满满的谢意离开了。

　　老曹做了一辈子旗袍，到了晚年，最惦记的事情是让这门手艺后继有人。但同行的年轻师傅里越来越无法坚持在传统领域，好在最小的女儿是学服装的，或许他的手艺就由她来接班了。

史家胡同 11 号，曾被日本侵占作北平特科宅。门为广亮大门，门内有独立影壁，四合院式
建筑已无，北房处有二层小楼，民国格调，代表了民国一个时期中西结合的生活风尚

胡同主人

史家胡同 1

臧克家（1905—2004），山东诸城人，毕业于山东大学。著名诗人，中国现实主义新诗的开山人之一。作家，编辑。曾任国家新闻出版总署编审、人民出版社编审、中国作家协会书记处书记、中国诗歌学会会长。著有《渔民》《老马》《有的人》等。曾获得"厦新杯中国诗人奖"终身成就奖、"国际炎黄文化研究会首届文化金奖"终身成就奖。

史家胡同 8

乐松生（1908—1968）北京同仁堂乐氏家族第十二世乐达义之子。曾留学美国。1921年由新开路迁到8号院。1954年，带头申请公私合营。由于同仁堂在工商界的地位和声望，带动了许多民族工商业者积极参加公私合营，产生了良好的社会影响。在中国社会主义改造高潮中，北京的乐松生与上海的荣毅仁等，成为全国民族工商业者中的著名代表人物。新中国成立后，乐松生历任全国工商联合会副主任、北京市工商联主任委员。1955年被选为北京市副市长。

20世纪60年代后8号院分为几个小院，天津市原市委书记**黄敬**、**范瑾**夫妇曾住在这里。还有理论家、《红旗》杂志主编**胡绳**，经济学家**于光远**，编辑家、出版家**王子野**也曾在此居住。于光远先生在这里住了将近四十年。

史家胡同 11

中国人民解放军海军副参谋长、少将**袁也烈**曾居住于此。

史家胡同 3

杨朔（1913—1968），山东蓬莱人。当代著名作家，中国作家协会第二届理事，中华全国总工会文艺部部长，中国亚非作家常设局联络委员会秘书长。著有《荔枝蜜》《泰山顶级》《蓬莱仙境》《雪浪花》等。

史家胡同 5

索绰络·德保（1719—1789），字仲容，一字润亭，号定圃，满洲正白旗人，乾隆二年（1737年）丁巳恩科三甲进士。官至署理闽浙总督、礼部尚书。

索绰络·英和（1771—1840），德保之子，初名石桐，字树琴，一字定圃，号煦斋，满洲正白旗人。少有俊才，权臣和珅欲召之为婿，德保不准。乾隆五十八年（1793年）癸丑科二甲进士，选庶吉士，散馆后授编修。官至军机大臣，户部尚书，协办大学士，加太子太保衔。

李何林（1904—1988），原名竹年，安徽霍丘（今霍邱）人。鲁迅研究奠基者，中国现代文学研究学科的奠基者。中共党员。1924年肄业于南京国立东南大学。1926年参加国民革命军，1927年随军北伐并参加八一南昌起义，1928年在鲁迅的未名社投身革命文艺活动，历任天津师院、中法大学、华中大学、北京师大及南开大学教授、中文系主任，鲁迅博物馆馆长，鲁迅研究室主任，北京师范大学中国现代文学博士研究生导师。

此外，曾居住在这里的还有中共中央纪律检查委员会原常务书记**韩光**。

史家胡同 23 号院，老门牌 10 号，《乾隆十五年京城全图》中已有此院，格局至今依旧，有幸保留了清代民国的大致风貌。
该院如意门上有精美的砖雕，台阶下有石雕出水口，门内有影壁，二门为垂花门，游廊连接正房与东西厢房，两进院后有
小花园，是典型的富裕之家所居

史家胡同 13

邹雅（1916—1974），江苏无锡人。曾在延安鲁迅艺术学院美术系学习，版画家、山水画家。人民美术出版社副社长兼美术副总编辑，北京画院院长。主要作品《埋地雷》《破碉堡》《欢迎刘邓大军下江南》《邹雅画集》。1980年后在全国范围内曾多次举办过"邹雅遗作展览"。

史家胡同 18

著名诗人艾青（1910—1996）曾居住于此。

史家胡同 31

滑田友（1901—1986），江苏淮阴人，其创作的人民英雄纪念碑浮雕《五四运动》，曾于1987年获首届全国城市雕塑评奖优秀奖。

罗工柳（1916—2004），广东开平人。毕业于杭州艺术专科学校，油画家、国画家。中央美术学院教授、副院长，中国美术家协会顾问。主持第二、三、四套人民币的设计工作。这三套人民币的设计曾入选奥地利出版的《国际钱币制造者》一书，在国际上产生了重大影响。他的许多作品为中国革命历史博物馆、中国美术馆所收藏。代表作品有木刻《鲁迅像》，油画《地道战》《整风报告》等。

史家胡同 20

别号"**人艺大院**"，在周恩来总理的亲自关怀下，北京人民艺术剧院在这座大院里成立，《龙须沟》《骆驼祥子》等一代名剧在这里酝酿排练，**曹禺、焦菊隐、欧阳山尊**等一代名家在这里走向艺术巅峰。

大院里还有一座海棠院，曾经是人艺接待外宾的美丽花园。著名文物专家**王世襄**在这里追回了348件青铜器文物。

史家胡同 23

原国民革命军陆军二级上将，新中国全国人大代表、全国政协常委、国防委员会副主席**卫立煌**曾居住于此。这里也曾是新中国首任驻波兰大使**彭明治**将军的住所。

史家胡同 24

此院原是清末新政干将**凌福彭**（1856—1931）的府邸，后为其女**凌叔华**（1900—1990）继承。民国前期，这里常常是知名文人墨客的沙龙，辜鸿铭、陈衡恪、齐白石、胡适、巴金、徐志摩、沈从文，甚至泰戈尔，都曾出入这座宅院。现在这里是史家胡同博物馆。

图中的这条小巷在史家胡同西口41号大门的斜对面，在新中国成立初期叫作官学大院，是一条盲巷，1965年整顿地名时，将其并入了史家胡同。中国科学院院士，原铁道部副部长石志仁住过的34号院就在巷子深处

外交部原副部长**王炳南**、**仲曦东**曾居住于此。

此院曾是原国民党军队高级将领**周体仁**的住所。他去后，家人遵其遗嘱将珍藏多年的200多件文物捐献给国家。

石志仁（1897—1972），河北乐亭县人。获美国麻省理工学院硕士学位，机械工程专家，铁路机车车辆工业的组织者和开拓者。原铁道部副部长。研究员，中国科学院院士。主持设计和建立皇姑屯、戚墅堰和桂林等铁路机械厂。参与了丰台、苏家屯和驼峰调车场的改造及我国第一条环形铁路实验线的建设工作。1950—1972年被选为中国机械工程学会副理事长、理事长。1955年被选为中科院技术科学部学部委员。

民国时曾住过不少西洋牧师、传教士。新中国成立初，这里则成为台盟盟员的聚集地。

爱新觉罗·绍昌（1857—?），清朝宗室，字任庭，武功郡王礼敦十一世孙，满洲正白旗。光绪十五年（1889年）进士，任内阁侍读。历任刑部左侍郎等职，主张变法，对西律颇有研究。宣统时，署法部尚书，后任庆亲王"皇族内阁"司法大臣，主持司法行政事务。辛亥革命爆发，摄政王载沣欲用袁世凯平乱，绍昌阻谏之，不纳。袁世凯组阁，曾任弼德院顾问大臣，参与组织宗社党，中华民国成立后去世。

刘士豪（1900—1974），湖北武汉市人。获美国纽约州立大学医学博士学位，内分泌学家、医学教育家，中国内分泌学科的主要奠基人。同仁医院院长，协和医院科室主任。中华医学会常务理事。学术上最大贡献是，对骨质软化症的钙磷代谢的研究证实，双氢速变固醇治疗肾性骨营养不良有效。著有《生物化学与临床医学的联系》等60余篇论文。曾获北京协和医院毕业生最高荣誉奖——文海奖学金。

民国初年，这里还曾是**丹麦公使馆**。1949年1月北平和平解放，这里又成为当时担负维护北平社会治安的解放军平津卫戍区纠察一大队的驻地。后为武警招待所，现一分为二，东半部为北京红墙花园酒店，西半部临街红楼则由北京协和医院使用。

史家胡同鸟瞰

史家胡同
47

此院原是国民党爱国将领**傅作义**在抗战后所置的私宅。新中国成立后，此院先后住过国民党起义将领**刘文辉**（"著名地主"刘文彩的弟弟）、原四川省委书记**李井泉**。上世纪90年代初，时任国家副主席的**荣毅仁**搬进了此院，并度过了其人生的最后岁月，直到2005年去世。

史家胡同
49

张开济，1912年出生于上海，浙江杭州人。我国第二代著名建筑师，第一批全国设计大师之一。曾任北京市建筑设计研究院总建筑师，教授级高级工程师。在我国建筑界起了承上启下的作用。中国革命历史博物馆（今国家博物馆）、钓鱼台国宾馆、北京天文馆、北京科普展览馆，都出自张老的手笔。而他自己最满意的设计，是天安门观礼台。夫人孙靖出身于一个知识分子家庭，其伯父是中国最早的留学生。孙家在新中国成立前，在史家胡同有两个大宅院。49号很不起眼，实则内有乾坤，它曾经是51号院的东花园，1953年成为**大公报社**的驻地。

梁敦彦（1857—1924），字崧生，广东顺德人。15 岁成为第一批留美幼童。祖父梁振邦曾在香港西环行医，父梁文瑞在南洋做过生意。由于家庭的影响，梁敦彦少时就会英语，后考入香港中央书院（由英国人创办，皇仁书院前身）就读。1881 年回国，先后在福建船政学堂、天津北洋电报学堂任教习。历任清廷汉阳海关道、天津海关道、外务部右侍郎、外务部会办大臣兼尚书、会办税务大臣、弼德院顾问大臣等职。后曾任北洋政府交通总长。1917 年参与张勋发动的丁巳复辟，任"外务部尚书""议政大臣"。失败后匿居东交民巷。1924 年 4 月 10 日卒于天津。

梁敦彦的次子曾居 44 号院，旁边有座索家大院，主人是梁敦彦次子的把兄弟。这是个旗人世家，祖上做过蒙古库伦大臣。开国元帅**徐向前**、中国人民解放军副总参谋长**李天佑**也曾在此居住。

这里是新中国成立后，国务院特别为**章士钊**选定的住址。章士钊辞世后，其女著名外交家**章含之**与女婿外交部长**乔冠华**夫妇在此院居住。章含之的女儿洪晃也曾住于此。2011 年，史家胡同 51 号被列为北京市级文物保护单位。

孙武（1879—1939），湖北夏口人，中国近代民主革命志士，辛亥武昌起义领导者之一。1896 年考入武昌武备学堂，1900 年参加汉口自立军，被推为岳州司令。1904—1908 年，两次赴日本留学。后在东京组共进会，任军务部主任，不久被推为湖北主盟，回鄂策划革命。1909 年加入中国同盟会。1911 年被武汉共进会、文学社等团体推为主席，准备组织武昌起义，并被推为革命军参谋长。武昌起义后，先后任湖北军政府军务部部长、参政院参政、汉口地区清查督办、湖北地区清查督办。北伐军抵汉后，孙武退居北平。相传 45 号院就是他的隐居终老之所。45 号院与 43 号院是形制一样的鸳鸯宅，后同为民国木斋中学（今天津二十四中）老校长卢定生女士故居。

相传这里曾是史家祠堂，亦有说为**史可法祠堂**。1724 年，清雍正皇帝在此成立**左翼宗学**，这是清朝镶黄旗、正白旗、镶白旗、正蓝旗的子弟学校。1905 年改建为左翼八旗第五初等小学堂，1910 年改为左翼八旗中学堂，1912 年改为京师公立第二中学校，后又改为北平市立第二中学、北京市立第二中学。1936 年，北京二中由史家胡同迁入内务部街 15 号现址。1939 年，**史家胡同小学**创立，延续至今，而今它已成为北京市最著名的小学之一。

清末庚款兴学，清政府设立"留美预备学堂"——后来清华大学的前身，举行留学生选拔考试。**胡适**、**梅贻琦**、**竺可桢**、**赵元任**、**徐佩璜**等一大批后来的大师级人物，从这里走出国门。

史家胡同 55 号院大门

此院为二进式四合院结构，外院由正房、东西厢房构成，入垂花门为内院，正房前廊后厦，雍容华贵，气派非凡。新中国成立前，为国民党将领**范汉杰**的住所。新中国成立后，全国妇联接管该大院。**邓颖超**、**康克清**、**帅孟奇**都在此办公，门牌上"好园"二字就是邓颖超亲自题写，由于妇联关系此院又被称为"女子园"。20 世纪70 年代初，这里也曾是**华国锋**的住宅。现为好园宾馆。

关于这座宅子还有许多传说。坊间传言**李连英**曾有外宅于此；又有人说**赛金花**的状元老公**洪钧**曾购此宅却无缘入住；也有人说爱国将领**张自忠**将军曾在此小住。

这里原是一座完整的三进四合院。大门一间，坐北朝南，门口有一对抱鼓石，大门上带铜活。顶为硬山合瓦清水脊。大门影壁上有砖刻清代和亲王弘昼题诗。这里最早是清朝大臣**孙士毅**的住宅。后因咸丰顾命八大臣之一的**焦祐瀛**入住，而一度称为焦家大院。1919 年，这里又成为**挪威公使馆**，抗美援朝时作过**朝鲜大使馆**。新中国成立后，成为中共元老**李维汉**的旧宅，其子**李铁映**也曾住在这里。现已分割成前后两部分，后半部在内务部街 44 号。

史家胡同 21 号院史家胡同社区居委会

史家胡同
21

史家胡同社区居委会成立于 1952 年，至今已有六十多年历史。史家胡同明朝属黄华坊，清朝属镶白旗，同称史家胡同。胡同中 51 号、53 号和 55 号四合院，1984 年定为区级文物保护单位，现为市级保护单位。胡同内有史家小学、史家胡同博物馆、中国妇女杂志社、红墙史家花园酒店和实佳宾馆等单位，其余为居民住宅。2014 年 9 月 23 日史家胡同风貌保护协会正式成立。协会是全市首家致力于胡同风貌保护的民间组织，由居民、产权单位、辖区单位等多方参与。今后胡同内院落的整修，将通过群策群议的方式，由居民、专家和相关的产权单位等共同协商决定如何保护胡同原有风貌、改善居民的生活环境。

对话

作者： 蓝老，您是从什么时候跟史家胡同结缘的呢？

蓝荫海： 我跟史家胡同结缘，是 1951 年。我当时考入北京人艺，就住在史家胡同的 56 号。一晃 60 多年过去啦！

作者： 那您可是史家胡同的"资深"居民了，您一定对这片土地爱得深沉。

蓝荫海： 从我来到人艺学员班，在史家胡同一住就是 60 多年啊，也有不少次搬家的机会，但我舍不得走，我就是爱上史家胡同了。

作者： 这条胡同在您的记忆中有着特殊的位置。

蓝荫海： 对。和咱人艺一样，我的根儿也扎在史家胡同了，离不开了。几十年了，人艺的历史从这里起步，每当和这些老街坊们拉家常、叙旧，他们的欢喜和忧愁都深深吸引着我。其实许多史家胡同的居民对这儿的感情都很深。他们都是在这条胡同里从童年嬉戏玩耍，到少年读书学习，到成人结婚生子。耳濡目染着这儿的史地人文，爱着这儿的一草一木，爱着这儿的亲朋邻里。

作者： 看得出，您对胡同的感情非常深。

蓝荫海： 不仅我对胡同的感情深，胡同对我的影响也很大。我出生在北京的胡同里，在史家胡同又生活了几十年。用我的笔描绘胡同的生活，是我最高兴的事情。周总理说过：艺术创作不是孤立的，更不能脱离生活。总理说得多好啊！重视生活、挖掘生活、反映生活一直是我们人艺创作的传统。

作者：您在胡同里工作生活 60 多年，也创作了不少的胡同作品。像《吉祥胡同甲 5 号》《立体大杂院》《如意胡同》《呇儿胡同》，这一系列京味儿"胡同剧"可谓脍炙人口，现在大家都管您叫"胡同剧作家"。

蓝荫海：胡同确实带给我无尽的创作灵感。为了写好"胡同剧"，我几乎跑遍了北京的老胡同。1995 年，我退休了，可是住在史家胡同里，这笔停不下来，人也闲不住。

作者：继续写胡同的故事？

蓝荫海：其实最开始还不是写，是先办了个老北京叫卖班。人艺有个经典曲目，叫《叫卖组曲》，就是用老北京的吆喝叫卖声编的一个曲子。后来我和金雅琴、赵宗义、叶子等几个人艺的老人儿，就在胡同里办了个"老北京叫卖班"。没想到还挺受欢迎，这胡同里的街坊邻居来了不少，一板一眼地学叫卖。

作者：那当时肯定特别热闹。

蓝荫海：是啊，就跟回到了老北京的胡同里一样。一看叫卖班得到了大家的喜欢，当时就想，那是不是也可以把人艺的表演搬到我们胡同里来。用舞台手法把我们的胡同生活表现出来，既生动又有趣，让居民们来演自己的生活。

作者： 为居民们写剧本，用胡同剧反映居民生活。

蓝荫海： 没错，让大家也过把演员瘾，而且演的还是自己的事。我就写了《在盲道上》《军大衣的故事》《本是一家人》，讲的都是咱们史家胡同生活中的感人小事，演员都是咱们史家胡同的居民。街道对我们非常支持，后来就在史家社区成立了"蓝天剧社"。

作者： 有正式的组织了。

蓝荫海： 其实就是一个社区居民文化团队。不过我们的胡同剧也开始走上了市区各级文化舞台，为越来越多的人们所熟知。走进生活去创作，总理的教诲我一直没忘记，说起这条胡同给我的感悟还多着呢。我们的戏剧社已经有了新的创作设想，我要让我们史家胡同的居民走上北京人艺的大舞台。对这条胡同和老街坊们的感情，是支持我工作的动力！

作者： 咱们再来说说史家胡同博物馆吧。

蓝荫海： 这得先从老北京的胡同说起。胡同，作为中国城市文化的特有形式，曾经是北京城市的重要象征，寄托了北京几百年的历史传承，是北京传统文化最为重要的组成部分。朝阳门地区历史悠久，文化底蕴深厚，史家、内务、礼士、演乐、本司、灯草等等胡同连片，保存得都比较完好。那这么好的一片胡同，它能展示我们古都的历史文化风貌，如果不好好保护，那真是太可惜了。所以 2010 年 2 月份的时候，街道就提出要在史家社区推出一条具有深厚文化底蕴的特色文化胡同，并建设一个以史家胡同和四合院为实景，以史家胡同 24 号院为核心展区的社区博物馆，出发点是为保护北京胡同的历史文化风貌，在弘扬中华传统文化的同时，借鉴国际先进经验，探索出行之有效的保护古都风貌的方式和思路。

作者： 为了建这样一座独一无二的博物馆，一定有不少人花了心血。

蓝荫海：对，首先就是朝门街道办事处鼎力支持。自项目确立后，史家胡同博物馆修建工程就列入了街道的折子工程，全面开始推进。后来又与英国王储慈善基金会共同合作，经过两年多的修建工作，博物馆基本建成。

作者：有街道的支持，还有国际伙伴。

蓝荫海：还有大量的专家，以及史家胡同的街里街坊们。在博物馆内建筑还在修建的时候，朝阳门街道多次召开座谈会，邀请专家和史家社区居民代表展开论证。北京市文联副主席、东城区文联主席赵书，首都博物馆原副馆长崔学安，首都博物馆副馆长陈建国，北京市东城区档案馆研究员王兰顺，当然也有我这个史家胡同的老居民，都为博物馆的建设提出过宝贵意见。

作者：群策群力。

蓝荫海：对，群策群力。

作者：最后，您能不能用几句话，概括描述一下史家胡同博物馆的主题呢？

蓝荫海：史家胡同博物馆的展览，以史家胡同悠久、独特、创新发展的胡同文化为主题，以史家胡同的重要地理位置、清晰的历史发展脉络、深厚的胡同文化底蕴、独具特色的人文气质为基础，从史家胡同的历史变迁展开，展示史家胡同的文化积淀，最后深化到史家胡同的创新发展。

作者：谢谢您。

蓝荫海：谢谢，欢迎你和你的朋友们，有时间常来史家胡同做客。

作者：太谢谢您了，我们一定常来看看。

后记

　　史家胡同西口往北不远，一家卖孕妇装的小店门口，趴着一块不怎么好看的石头。如果不了解这块石头的前世今生，估计很多人都会奇怪：为什么会在这里，有这样一块石头？为什么店主不把它挪开？

　　没错，那块石头，就是本书开头说到的二郎神庙门口的哮天犬。

　　曾经的燕京小八景之一，以在紫禁城的金光中熠熠生辉的神奇景象，记录在纪晓岚纪大学士的笔记里。如今，却只能在"风流总被雨打风吹去"的叹息中，面目全非地做一块鲜人问津的石头。

　　我们不知道，这块至少有几百年历史的石头，算不算得上是一件文物；但我们知道，有识之士从未放弃过对老北京传统文化与历史遗迹的保护与拯救。

　　于是，有了史家胡同博物馆。

　　再后来，有了这本书。

　　"拆掉北京的一座城楼，就像割掉我的一块肉；扒掉北京的一段城墙，就像剥掉我一层皮！"六十年前的梁思成曾经泣血陈词。

　　今天的北京虽然已不再有当年"割肉剥皮"的悲剧，然而在"一下雪，北京就成了北平"的美妙诗句背后，多少透露着一种淡淡的思念。

　　那是生活在繁华大都市的人们，对京华旧梦的不舍与怀念。

追循着史家胡同的足迹，我们追寻的不仅是京华旧梦，更是这座古都在历经沧桑后，重拾独属自己的京韵的希望。

在此，我们要特别感谢蓝荫海老师，蓝老今年八十有四，虽然身体微恙，却始终对我们的书稿格外关注。他那和蔼的微笑里，是一位老艺术家对老北京胡同文化难以言表的牵挂与关怀。

我们还要感谢朝阳门街道办事处和史家胡同博物馆管理员刘平太的热心帮助，感谢台海出版社的辛勤工作。这本书里，凝结着你们每一个人的心血。

我们还要感谢那些关注这条胡同的人们。我们参考过朝阳门街道办事处副主任李哲的文章《史家胡同逛逛》，参考过中央电视台、北京电视台的纪录片、专题片。因为有了前人的成果，才使我们的内容更加丰富。

我们的影响也许微不足道，但我们仍然希望有更多的人关注史家胡同，关注以史家胡同为代表的老北京胡同文化。

一座屹立于世界的名城，当有它独一无二的传承，那才是一座城市真正的灵魂所在。

图书在版编目（CIP）数据

史家胡同循迹 / 刘路，黄锦荣编著 . —北京：

台海出版社，2016.2

ISBN 978-7-5168-0871-9

Ⅰ.①史… Ⅱ.①刘… ②黄… Ⅲ.①胡同－

介绍－东城区 Ⅳ.① K921

中国版本图书馆 CIP 数据核字 (2016) 第 040214 号

史家胡同循迹

刘路 黄锦荣 编著

策　　划：黑薇薇　　统　　筹：王成龙　　责任编辑：刘　路
装帧设计：郭　蝈　　摄　　影：王立发　　责任印制：蔡　旭

出版发行：台海出版社
地　　址：北京市朝阳区劲松南路 1 号，邮政编码：100021
电　　话：010-64041652（发行，邮购）
传　　真：010-84045799（总编室）
网　　址：www.taimeng.org.cn/thcbs/default.htm
E-mail：thcbs@126.com

印　　刷：北京楠萍印刷有限公司
开　　本：710 毫米 ×1000 毫米　　1/16
字　　数：179 千
印　　张：14.75
版　　次：2016 年 10 月第 1 版
印　　次：2017 年 1 月第 2 版
书　　号：ISBN 978-7-5168-0871-9
定　　价：48.00 元

厚重的历史、文化
沉淀，
让观者感受深切，
好像抚摸到历史。
"史家胡同"是，
北京的记忆，
中国的记忆！

杨根宏

2014.1.1

虽然小名说
是我在北京逛过最好的
博物馆之一啦！

By 闷蛋

果果果

下次来作
夏凉的"四合院"

CLaud WW 2014.3.1

我于1957年毕业于史家胡同
小学。这次回家乡看此展览回忆
少年时光心情特别激动。

张毅

2019年6月7日

我爱北京、
我爱四合院、
我喜欢听鸽哨儿、
我喜欢看火上的小鸟、
花屉、巷帘和院子里的石榴、
……
一切关于北京的记忆、

李晓梅
2014.03.22.

史家胡同历史悠久，名人辈出……
值得我辈瞻仰、油然并引以为荣。
（候人）史学彬 2014.5.6

美丽的胡同出自老2014！
勾起了儿时的记忆！非常喜欢！
2014.3.8

不虚此行！
感触很深。一个充满文化底蕴之处
希望有价值的类似的东西可以
得到级好的发扬与继承。
顺便祝自己一切顺利！
——Roy_He
2014.3.2.